物理演示实验探究与创新

潘 琦 杨雁南 主 编

电子工业出版社
Publishing House of Electronics Industry
北京·BEIJING

内 容 简 介

本书以物理演示实验为出发点，希望通过有趣的物理演示实验，激发学生的积极性和探索的热情。本书在介绍实验现象、实验原理的基础上，还介绍了一些实验背后的故事，以及围绕实验的探究。本书的实验内容涵盖了普通物理力学、热学、声学、光学、电磁学等主要概念。

本书面向的主要对象是本科低年级学生，尤其是正在学习大学物理课程的学生。在学习大学物理和大学物理实验的同时，翻一翻本书，或许你能看到一些新鲜的实验现象，或许你会多一个看待问题的视角。

图书在版编目（CIP）数据

物理演示实验探究与创新 / 潘琦，杨雁南主编.

北京 ：电子工业出版社，2025. 8. -- ISBN 978-7-121
-51046-5

Ⅰ. 04-33

中国国家版本馆 CIP 数据核字第 2025J7Y913 号

责任编辑：孟泓辰

印　　刷：大厂回族自治县聚鑫印刷有限责任公司

装　　订：大厂回族自治县聚鑫印刷有限责任公司

出版发行：电子工业出版社

　　　　　北京市海淀区万寿路 173 信箱　　邮编：100036

开　　本：787×1 092　1/16　印张：9　　字数：230 千字

版　　次：2025 年 8 月第 1 版

印　　次：2025 年 8 月第 1 次印刷

定　　价：49.00 元

前　言

2011 年，我开始负责学院物理演示实验室的日常管理，从此开始认识物理演示实验。相较于大学物理实验中的精密测量与复杂计算，物理演示实验以其实验现象绚丽多彩、直观生动的特点，总能令学生惊叹不已、流连忘返，极大地激发了学生对物理学科的浓厚兴趣。

在管理物理演示实验室的过程中，我们对物理演示实验进行了深度挖掘与探索。从剖析实验原理，到讲述实验背后的科学故事，再到探讨其实际应用，层层递进、抽丝剥茧，赋予了每个实验更为丰富的内涵与深度。与此同时，我们积极开发建设了一系列全新的实验项目，并将这些实验有机整合，构建起多个相互关联、相辅相成的实验模块。2013 年，我们开设了包含 5 个模块、共 10 学时的物理演示实验课程，面向强化班一年级新生开放后，迅速获得了学生的喜爱与认可。这一课程的开设，也标志着物理演示实验首次以独立课程的形式登上教学舞台。

我们注意到，绚丽有趣的实验现象激发出的学生的兴趣往往会被繁重的学习任务冲淡，在物理演示实验背后，更重要的是引导学生探究，鼓励他们挖掘现象背后的科学规律，探索实验的更多"玩"法，思考实验现象的实际应用。多问一句为什么，多想一点可能性，学生便能在探究过程中发现更多的乐趣。

同时，我们也意识到，仅仅停留在理论层面进行探究远远不够，只有亲手实践，才能收获截然不同的体验。因此，在引导学生探究的基础上，我们强调亲自动手做实验，鼓励他们不断尝试新实验，开展实际应用层面的探索。

本着从演示到探究，再到创新实践的理念，我们陆续建设了面向全校学生的校级公选课"物理实验演示与探究"、针对新生的研讨课"物理可以这样玩"，以及面向文科专业学生的课程"物理演示实验"，从而形成了覆盖不同专业、不同年级，采用不同教学形式的课程群。近年来，已有 3000 多名学生学习完这些课程，他们在这些实验的启发下，开启了科创之门。不少学生在学习过程中迸发出了创新灵感，成功申报大学生创新训练项目，积极参与各类科创竞赛。众多优秀的科创作品又进入了实验室，成了教学资源的一部分，使课程与科创紧密结合，形成了良性的创新生态。

实验室不仅是传授知识的场所，而且是立德树人的重要阵地。实验课程要求学生"真刀真枪"地操作，他们面临的困难更为复杂，突发情况也更多，这无疑对学生的耐心和解决问题的能力提出了更高的要求。在筹备实验时，许多学生面对从零开始的新项目，常常感到无从下手。针对这一情况，我们与学生展开一对一的深入沟通，在一次次思想碰撞与讨论中，将一个个难题攻克。从最初的手足无措，到最终的豁然开朗，这段经历让每名学生都刻骨铭心、收获满满。

物理演示实验系列课程开设以来，我们一直采用自编的一套讲义，但随着实验的不断丰富，教学中我们也有了一些新的想法和实践，希望系统地整理出来，于是就有了本书。我们希望这是一本有用、也有趣的书,当读者翻开这本书时,希望他们不仅能领略到各种好玩的实验,还能感受到我们在教学过程中与学生互动的点滴趣事,因为这也是教学的重要组成部分。

本书作者之一杨雁南教授是物理演示实验室的创建者之一和最初讲义的编写者。我时常带着各种疑问向杨老师请教,杨老师总是不厌其烦、耐心细致地为我解答;我参加教学比赛,杨老师会逐字逐句地帮我修改材料;我发现好玩的实验,也会第一时间和杨老师分享。能够与杨老师合作出版这本教材,是我终身难忘的宝贵经历。杨老师扎实的功底,丰富的经验,对本书的编写起到了至关重要的作用。

同时,在教材即将付梓之际,我要向一直以来支持物理演示实验的学院领导,施大宁教授、刘友文教授、吴平教授等致以诚挚的谢意;还要感谢刘小廷、李香莲、张广斌三位主任,他们始终密切关注和支持物理演示实验课程的建设;特别要感谢鲁雪萍、李培宁两位老师,他们是较早负责物理演示实验的老师,曾经为我详细介绍了每个实验,并让我更快熟悉新的实验。

在本书的编写过程中,我们参考了国内一些文献资料,如清华大学出版社路峻岭教授编写的《物理演示实验教程》、中国科学技术大学出版社卢荣德教授编写的《大学物理演示实验》等,在此,向所有对本书做出贡献的同仁致以深深的谢意。

由于水平有限,书中难免出现纰漏,敬请读者批评指正。

谨以此书,献给所有关心、支持我的家人、朋友和亲爱的同学们!

潘　琦

目　　录

第1章　量 ·· 1
  1.1　实验是理论与实践的桥梁 ·· 1
  1.2　要有量的概念 ·· 2
  1.3　有趣的单位 ·· 2
  1.4　长度测量 ·· 3
  1.5　自制螺旋测微计 ·· 3
  1.6　古老的游标卡尺 ·· 5
  1.7　万丈高楼平地起 ·· 6
  1.8　地球半径的测量 ·· 7
  1.9　油膜法测量分子直径 ·· 10

第2章　力学与运动 ·· 12
  2.1　拿不起来的圆锥 ·· 12
  2.2　沙堆问题 ·· 12
  2.3　正态分布 ·· 13
  2.4　里拉斜塔 ·· 15
  2.5　摔手机实验 ·· 16
  2.6　摇摆的阿特伍德机 ·· 17
  2.7　平衡鸟 ·· 20
  2.8　奇妙的旋转 ·· 21
    2.8.1　茹科夫斯基凳 ·· 21
    2.8.2　中间轴定理 ·· 22
    2.8.3　猫的翻正反射 ·· 23
    2.8.4　直升机演示仪器 ·· 24
    2.8.5　四轴飞行器 ·· 24
    2.8.6　陀螺进动 ·· 25
    2.8.7　翻身陀螺 ·· 26
    2.8.8　反转凯尔特魔石 ·· 28
    2.8.9　立起来的蛋 ·· 31
  2.9　经典的伽利略实验 ·· 32
  2.10　匀速直线运动 ·· 33
    2.10.1　钢滚子在光滑的玻璃轨道上做匀速直线运动 ······················ 33
    2.10.2　液体中落球的匀速直线运动 ······································ 34

2.11　釜底抽薪 ·· 34

2.12　气球的惯性实验 ··· 35

2.13　锥体上滚与瑞林球 ··· 35

2.14　活力板与轮滑 ··· 36

2.15　柱状刚体平面平行运动演示实验 ······························ 37

2.16　简谐运动 ··· 38

　　2.16.1　单摆 ·· 39

　　2.16.2　气垫摆、扭摆 ·· 40

　　2.16.3　复摆 ·· 42

　　2.16.4　舒勒周期和陀螺摆 ···································· 42

　　2.16.5　麦克斯韦滚摆 ·· 44

　　2.16.6　蛇形摆 ·· 44

　　2.16.7　傅科摆 ·· 46

　　2.16.8　耦合摆 ·· 47

　　2.16.9　混沌摆 ·· 47

　　2.16.10　减震摆 ··· 49

2.17　最速降线 ··· 50

2.18　受迫振动 ··· 53

2.19　弦线驻波 ··· 53

2.20　毛细现象 ··· 54

2.21　层流现象 ··· 55

2.22　风洞模型 ··· 57

2.23　火龙卷实验 ··· 58

2.24　凯伊效应 ··· 59

2.25　马格努斯飞行器 ··· 59

2.26　魔力弹簧 ··· 60

2.27　血压测量 ··· 62

2.28　啄木鸟玩具 ··· 63

2.29　科里奥利力转盘 ··· 64

2.30　科里奥利力演示仪 ··· 65

第3章　声 ··· 66

3.1　听力范围 ·· 66

3.2　声速测量 ·· 67

3.3　声聚焦 ·· 67

3.4　吉他调音 ·· 68

3.5　音叉发出纯净的声音 ·· 68

3.6　金属管（杆）声驻波 ·· 70

3.7　昆特管驻波 ·· 71

3.8　激光李萨如图形 ·· 72

3.9　机械振动与电信号傅里叶分析 ···························· 73

第4章　光 ·· 75

4.1　小孔近视镜与光圈 ··· 75

4.2　计时日晷 ·· 81

4.3　纹影仪 ··· 82

4.4　三原色 ··· 83

4.5　黑滴效应 ·· 83

4.6　手机分光计实验 ·· 84

4.7　三棱镜的色散和白光复合 ···································· 85

4.8　霓虹 ·· 86

4.9　红外线传感演示仪 ··· 87

4.10　单反相机的裂像对焦 ·· 88

4.11　倒车膜（菲涅耳透镜） ······································ 89

4.12　猫眼 ·· 90

4.13　双折射 ··· 91

4.14　穿墙而过 ·· 92

4.15　光通信 ··· 93

4.16　从红绿立体图到视差 ··· 93

4.17　光栅立体变换画 ··· 94

4.18　白光全息图 ··· 95

4.19　普氏摆 ··· 95

4.20　光的衍射 ·· 96

4.21　双棱镜干涉 ··· 97

4.22　光的偏振 ·· 98

4.23　偏振光干涉演示仪 ··· 99

4.24　光学幻影 ·· 100

4.25　频闪-视觉暂留 ·· 100

第5章　电磁学 ·· 102

5.1　同磁极相吸 ·· 102

5.2　维氏起电机 ·· 102

5.3　范德格拉夫起电机 ··· 104

5.4　磁性底座与防盗磁扣 ·· 104

5.5　静电感应盘 ·· 106

5.6　静电除尘 ·· 107

5.7　手触电池 ·· 107

5.8 燃料电池 ·· 109

5.9 三相旋转磁场 ·· 109

5.10 单相旋转磁场 ·· 110

5.11 电磁阻尼摆 ··· 111

5.12 磁铁在金属管中的阻尼运动 ·································· 112

5.13 滴水发电机 ··· 113

5.14 辉光球 ·· 113

5.15 静电摆球 ·· 114

5.16 超导磁力测量 ·· 115

5.17 超导磁悬浮列车 ·· 116

5.18 涡电流的力学效应 ··· 117

5.19 亥姆霍兹线圈 ·· 117

5.20 雅各布天梯 ··· 118

5.21 飘升机 ·· 119

第 6 章 热学 ·· 121

6.1 液晶手写板 ··· 121

6.2 伽利略温度计 ·· 122

6.3 叶片热机 ·· 123

6.4 从饮水鸟到相变 ·· 124

6.5 另一种饮水鸟 ·· 126

6.6 水的蒸发热 ··· 126

6.7 热胀冷缩瓶 ··· 127

6.8 热棒 ··· 127

6.9 热管 ··· 128

6.10 汽化制冰实验 ·· 129

6.11 记忆合金热机 ·· 130

6.12 空调 ··· 131

6.13 热力学第二定律克劳修斯表述 ·································· 132

6.14 麦克斯韦速率分布律演示 ·· 133

第1章　量

1.1　实验是理论与实践的桥梁

我们从小就熟知很多的科学故事，比如爱迪生为妈妈治病、爱因斯坦的小板凳、瓦特发明蒸汽机、牛顿的苹果等。我们相信牛顿受到苹果落下的启发，产生了灵感，于是有的人开始沉浸在苹果树下，期待也有一个苹果能准确地砸在自己头上。但是，令我们失望的是，蒸汽机的发明者并不是瓦特一人；我们所熟知的牛顿的伟大发现，也是建立在前人多年工作的基础上的。因此，了解一个科学故事背后真正的历史背景，是我们学习某门学科的重要方法，只有了解了这些历史，才能看到科学发展中一些创造性的思考和更多扎实的积累，才能了解这些才是科技进步的基础。

一个让我们不得不注意的问题是，当我们面对这些科学故事的时候，有多少人的脑子里出现过问号呢？在这本书中，我们希望将这种打问号的做法传递给学生。希望学生在书中学会质疑，学会提问。

下面通过两个例子，让学生理解物理演示实验这门课程的奥秘。

第一个例子来源于某学生做的一个科创作品，如图 1-1 所示。题目要求将 5 升水的高度提高 1.5 米，利用水的重力势能来做一个动力装置，使小车运动，并以小车运动的距离作为评判标准。很多团队制作的车的车轮一般采用比较轻便的光盘、塑料盘等，但图 1-1 所示的这辆车采用了自行车的车圈作为车轮。为什么采用这么重的车轮呢？学生的回答是，质量越大、惯性越大。这是初中物理中的一个基础概念。但是这名学生只注意到，质量越大、惯性越大，却没有想到质量越大，让车轮运动起来同样困难。

图 1-1　某学生做的一个科创作品

这个例子说明，我们对很多的知识点的理解可以很好地来解决问题，但是在解决实际问题的时候，可能会存在"误解"。

第二个例子发生在日常生活中。有一次，家里意外停电了，我用电表去测量所有的插座，发现测量火线和零线时，电表的灯都是亮的。我一筹莫展，甚至开始画电路图，但始终没有明确问题所在。电工师傅来了之后，他告诉我零线断了，当时我为自己是一名物理老师感到惭愧。

通过这两个例子，我们能切身体会到理论和实践之间有相当大的距离，而物理实验为我们提供了一个很好的平台。物理实验是我们检验理论学习成果，锻炼动手能力，提高发现问题、解决问题能力的很好的机会。

1.2　要有量的概念

目前有很多企业、很多项目都在研究汽车的能量回收问题，比如将电动汽车刹车时损失的动能回收。但你是否想过，一辆家用轿车，一次刹车损失的动能会值多少钱呢？不妨猜一猜，是 1 元？5 角？1 角？还是几分？这并不是一个很难的问题。

一辆家用轿车的重量大约是 1 吨，车辆在市区行驶的速度假设为 60km/h，这样它的动能就可以算出来。计算价格最方便的指标是电费，一般家用电的电费是 0.5 元/度，其中"度"就是"千瓦·时"。所以只需要将焦耳和度这两个单位换算一下，就可以算出一次刹车(刹停)损失的动能值多少钱，即

损失的动能=1/2×1000(kg)×[60000(m)/3600(s)]² ≈ 139000(J) ≈ 0.04 度

电费 ≈ 0.04 度×0.5 元 ＝2 分

但是上面的计算似乎有一点问题，因为家用轿车一般用的是油而不是电，如果我们把动能折算成油费又会是什么情况呢？大家不妨算一算。

再考虑下面这个问题，如果从地球上拉一根蜘蛛丝到太阳上，你觉得这根蜘蛛丝会有多重呢？几十吨？几吨？几百千克？同样，这依旧是一个不难做的题目，一般蜘蛛丝径向丝的直径为 0.93～1.4μm，而外面环形丝的直径约为 0.5μm。蜘蛛丝的密度是 1.3～1.35×10³kg/m³。地球与太阳之间的距离约为 149597870km，则计算出的结果约是 150kg，你猜对了吗？

通过这两个例子，我们会发现，在平时的学习中，我们有时缺少对物理量的具体认知。如果能够增加一些对物理量定量的认知，会对学习有一些帮助，这是一个有益的尝试。联系到物理实验中，就要求学生在实验中进行一些测量，这是物理实验的重要组成部分。在测量实验中，我们不仅要学会测量的方法，还要掌握数据处理的方法。这不仅能帮我们得到定量的结论，还能够让我们学会分析数据，并得到有意义的结果。

1.3　有趣的单位

在实际的教学中，很多学生非常不习惯使用单位，这是非常"危险"的。

比如，我有一次在路边看到卖酥鱼的阿姨，她大声吆喝"8 块、8 块……"诱人的香味儿和便宜的价格，忍不住让我走近。但是等我称完酥鱼，阿姨告诉我价格是 8 块一两，我会觉得掉进了陷阱。类似的场景屡见不鲜，这位阿姨应该已经深刻领悟到单位所蕴含的经济价值。所以每当我们在计算的过程中不写单位的时候，都可能造成严重的错误。

下面以长度单位为例，介绍一些有趣的单位。

常见的长度单位是国际制单位，如千米、米、厘米、分米、毫米、微米、纳米等。而在生活中，我们又会用到一些传统的长度单位，如尺、寸、丈等。我们知道，人体的小臂中有两根骨，一根叫尺骨，另一根叫绕骨。在古代，尺骨的长度就被当成一尺。可见用"尺"作为单位来做衣服是非常方便的。而这一长度和男子的"一拃"的长度十分接近，即男子的"一拃"的长度就约为一尺。

另外，毫、厘、丝、寻、常、忽等我们非常熟悉的字眼都是长度的单位。十忽为一丝，十丝为一毫，十毫为一厘。一寻表示双臂张开的长度，一常则表示两寻。朱骏声的《说文通训定声》中记载，"寻所以度物，故揣度以求物谓之寻。"就是说，由于"寻"是人的双臂张开的长度，人双臂张开时，看上去像有所期待，因此"寻"可引申为探究、研究、追寻等意思。

可见一个小小的单位就蕴含着丰富的历史和人们的智慧。当然，随着时间的推移和科学的发展，很多的单位也在不断地发生变化。学生可以查阅资料，了解常见的国际单位是如何定义的，如米、秒等。

1.4　长 度 测 量

长度测量本是一个非常基础的实验内容，但蕴含着很多有趣的细节。比如测量身高时，你会发现，平躺时的身高要比站立时的身高多 1~2 厘米。而针对理工专业的学生，身高测量还涉及单位、有效数字、精确度、估读等概念。我们还可以测量一下家人的身高，每个人运动前后的身高，以及每个人一天中不同时间段的身高等，这样可以形成一个大的数据库，从而分析体重、时间段、年龄、性别、运动等对身高的影响。

测量不同量级的长度，常常需要用不同的方法，每种方法都有着不同的思想，这是很有趣的。比如，从微观上，可测量到微米，甚至到单分子、纳米等级别；从宏观上，可从一个几十米高的建筑测量到两个城市间的距离，再到两个天体间的距离。对于日常的长度测量，刻度尺、卷尺基本上满足了人们的需要，在微小量的测量上，常见的工具有游标卡尺、螺旋测微计，它们已经将测量的精度提高到了 0.01mm。在更小的尺度上，我们可以借助光学显微镜，或者利用光的干涉和衍射等知识进行测量。在更大的尺度上，我们可以用全站仪、几何光学等知识进行测量。而在天体距离的测量上，我们还可以用三角视差法、威尔逊-巴普法、谱线红移和哈勃定量等方法。以牛顿环实验为例，学生可以利用读数显微镜测量头发的直径(约 70μm)。

1.5　自制螺旋测微计

在大学物理实验课程中，都会安排常见测量器具的学习，如游标卡尺、螺旋测微计等。因此，在物理演示实验中，我们将自制螺旋测微计作为一个选题，让学生利用螺丝钉制成简易螺旋测微计，虽然十分简陋，但能让学生对螺旋测微计有更深刻的认识。

螺旋测微计又称千分尺，用它测长度时，精度可以达到 0.01mm，测量范围为几厘米。它的一部分是螺距为 0.5mm 的螺纹，当将它在固定套管的螺套中转动时，活动套管和螺杆连成一体，上面均匀分布 50 个分格。螺杆转动的整圈数由固定套管上间隔 0.5mm 的刻线测量，不足一圈的部分由活动套管上的刻线测量，最终测量结果需要估读一位小数。

这里，我们将实验简化，利用一套 M5 螺丝、螺母制作螺旋测微计；用 3mm 木板切制 C 型框架，图 1-2 给出了手绘的初步设计图。

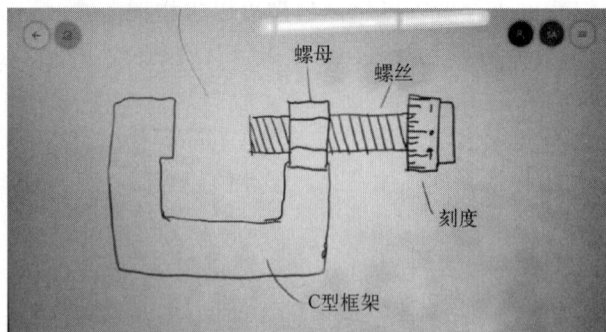

图 1-2　手绘的初步设计图

初步实验过后，我们发现，第一，所选的 M5 螺丝、螺母不易与木板粘连；第二，M5 螺丝规格较小，螺母宽度过窄，木板安装后不易固定，使用过程中易造成损坏；第三，木板在加工与使用过程中，易破损折断，总体强度较差。

鉴于此，我们展开第二次探索。选用规格为 M8×25mm 的塑料制作螺丝、螺母；选用 PLA 材质 3D 打印余料制作 C 型框架，连接处采用热熔胶固定；在螺丝头部用纸片标明刻度，最小单位为 1mm，刻度标明后利用 502 胶水硬化纸片并粘牢。

制作过程如下：

(1)将螺母拧至螺丝最底端，量取此时露出的螺纹长度，该长度即为螺旋测微计最大量程，也是 C 型框架的内侧长度。取 PLA 材质 3D 打印余料，在其上画好框架，确保框架内侧长度与量取的螺纹长度相同，用锯片将其裁下。

(2)用热熔胶将裁下的 C 型框架与螺母固定。

(3)将螺钉拧紧，取螺母上的一条棱作为基准刻度线，画上记号，螺钉头上对应的位置为 0 刻度线，量取螺钉头部直径，用 3.14 乘以直径算出螺钉头部周长，在纸上画下该长度的线段并将其 50 等分，将最小单位的 10 倍数与 5 倍数的刻度线分别加长，写上 0、10、20、30、40、50。将该刻度纸裁下，对准 0 刻度线贴至螺钉头上。

制作的最终成品如图 1-3 所示。

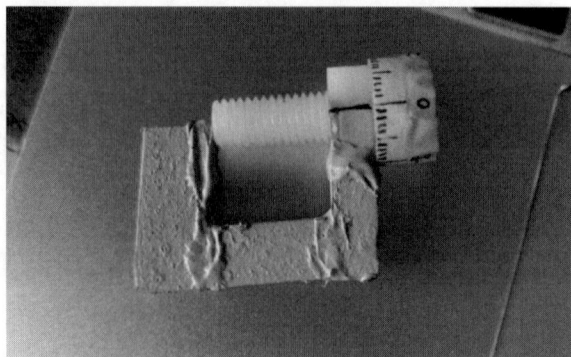

图 1-3　制作的最终成品

1.6　古老的游标卡尺

游标卡尺是物理实验中使用较多的高精度长度测量尺，国家博物馆中就珍藏了一件新莽时期的铜卡尺，如图 1-4 所示。其全长 14.22cm，由固定尺和活动尺两大主体部分组成。活动尺正面刻五寸；固定尺正面也刻五寸，除右端一寸外，左边的四寸，每寸又刻十分。上部有一鱼形柄，中间开一导槽。两只卡爪合并，固定尺与活动尺等长，两尺刻度线大体相对。铜卡尺表面呈红褐色，个别细微之处胎质外露。固定尺一面有刻度，另一面阴刻篆书"始建国元年正月癸酉朔日制"。这里的建国元年即公元 9 年。这件新莽时期的铜卡尺，是我国现今保存最早的卡尺。可见，汉代时测量技术就已经十分发达，有大量的先进仪器和器具，除铜卡尺外，还有浑天仪、地动仪、机械水排等。

图 1-4　新莽时期的铜卡尺

铜卡尺与现代游标卡尺相比，二者有惊人的相似之处。现代游标卡尺主要由主尺、固定卡爪、游标架、活动卡爪、游标尺、千分螺丝、滑块等部分组成，而铜卡尺是由固定尺、固定卡爪、鱼形柄、导槽、导销、组合套、活动尺、活动卡爪、拉手等部分组成。从组成的主要构件来看，铜卡尺的固定尺和活动尺，就是现代游标卡尺的主尺和游标尺；铜卡尺的组合套、导槽和导销就是现代游标卡尺的游标架。二者的主要差距在于，现代游标卡尺应用微分原理，通过对齐主尺和游标尺的两条刻线，能精确地标出本尺所能测出的精度，而铜卡尺只能借助指示线，靠目测估出长度单位"分"以下的数据。

1973 年出版的英国的百科全书记载，游标卡尺是法国数学家 Pierre Vernier 在 1631 年发明的。在他的数学专著《新四分圆的结构、利用及特性》中记述了游标卡尺的结构和原理，而他的名字 Vernier 变成了英文中的"游标"一词沿用至今。1851 年，美国 Brown & Sharpe 公司制造出第一个游标卡尺，后由德国工厂加以改良制造。1854 年，荷兰、法国、德国、英国都普遍用上了游标卡尺，1856 年，日本也普及了游标卡尺，游标卡尺的制造技术逐渐提高。

1.7　万丈高楼平地起

我们应该怎么去测量一栋楼的高度呢？这似乎并不是一个很难的问题。但是如果我们只考虑测量的理论可行性，会有多少种方法用来测量一栋楼的高度呢？这也是物理演示实验课程中的一个主题。下面开始进行头脑风暴。

第一，最容易想到的方法是利用影子或者仰角来构造三角形。这看起来是一个很常见的方法，但是具体去做，过程也是很有意思的。如果测量的时候有太阳，那么我们可以利用一个比较矮的物体，用它与它所形成的影子来求得二者之间的倾斜角，再根据楼的影子的长度来测量楼的高度。

第二，有一种更粗暴的方法，就是从楼顶到楼底拉一根绳子，再将绳子收起来，一节一节地去测量绳子的长度。

第三，我们可以从楼顶到楼底拉一根绳子，并让它摆动起来，形成一个单摆，利用单摆的周期和摆长的关系来测量楼的高度。

第四，我们可以利用手机来进行高度测量，比如，可以用手机给远方的楼拍一张照片。如果在楼附近有一个已知高度的参照物，比如说有一个人，我们可以以他的身高作为标准，根据比例判断出楼的高度。或者根本不需要拍照，只要能估算出一层楼的高度，然后看一看这栋楼有多少层，就可以进行简单的估算。

第五，与拍照方法类似的一种方法是利用凸透镜成像规律。在凸透镜成像过程中，物距、像距、物体大小及像的大小之间存在特定的比例关系，通过这种关系可以进行距离或物体尺寸的测量。

第六，我们知道，有一些物理量是随着高度的变化而变化的，如气压、温度、重力加速度等，因此，我们还可以根据这个原理来进行测量。其实，现在飞机采用的高度测量方法，大多是利用气压计的方法，但是每个机场的海拔高度并不相同，所以飞机在机场起飞或降落时，仪表所显示的高度并不是相对机场的高度。

第七，我们可以让一个物体从高处自由落下，利用物体做自由落体的时间来反推下落的距离。此外，在下雨时，我们是不是也可以通过楼上的积水由排水管排出来的速度和时间，来测量楼的高度呢？

第八，前面的测量方法已经涉及了运动的两种方式，还有没有其他的运动方式可以使用呢？以坐电梯为例，电梯运行的过程可以分为加速阶段、匀速阶段和减速阶段，利用一个体重计就可以测量加速和减速阶段的加速度，用微积分的方法是不是可以测量出楼的高度呢？当然，这里我们忽略了电梯顶部与楼顶和电梯底部与楼底之间的距离。

第九，我们可以利用超声波、激光的反射来测量距离，这种方法已经有了非常成熟的测量仪器。我们还可以利用声音的衰减来测量距离。比如，在楼顶放置一个发声器，设置一定的响度，当声音传播到地面时，其会有一个衰减，我们根据衰减和距离的关系就可以判断出楼的高度。如果利用光的衰减来测量，那么我们可以从楼顶向地面发射一个光束，利用光斑的大小来判断楼的高度。

最后，在所学的物理知识中，还有哪些和高度有关的量呢？我们又想到了液体的压强。如果能够从楼顶到楼底放一根水管并让水填满水管，那么通过测量水管底部的压强，就可以判断楼的高度了。

当你一筹莫展，或者没有更好方法的时候，可以从大学物理的几个大方向去想，比如运动学、热学、光学、电学、声学等。我们上面的讨论就涉及了运动学、光学、声学等知识。

在上面的讨论中，我们不知不觉就已经想到了多种方法，很多学生对头脑风暴这个教学环节很有触动，但我们仍然不能只满足于这些方法，还要深入看看如何去做。

比如，利用单摆时，要考虑其是否是理想单摆？能否直接套用公式？又如，利用影子时，你想到的是图 1-5 吗？利用这个图的计算最简单，只要测量了仰角 α 和观察者到建筑物的水平距离 L，就可以利用三角函数算出 H。但是在实际操作中，往往不易测量出 L，因此可以在某一位置测量仰角 α，再向建筑物方向移动一小段距离 S，重新测量仰角，记为 β，则可以得到一个新的三角形，利用正弦定理及几何关系求解三角形，即可得到 H，如图 1-6 所示。

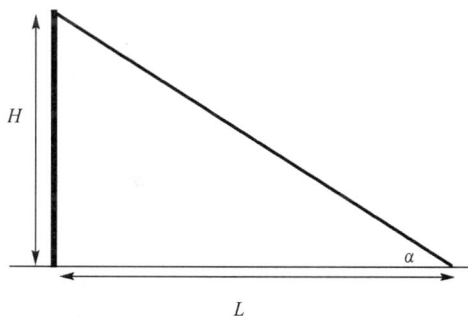

图 1-5　利用影子的简单计算　　　　　图 1-6　利用影子的实际计算

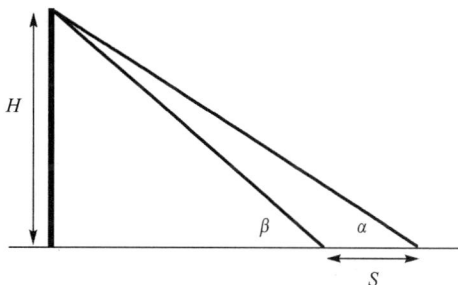

通过本节的学习，我们可以领悟到，创新就在我们平时的生活中。当然，只有具备扎实的基础，才能有广阔的视野，才会有更多更好的想法。

1.8　地球半径的测量

在上一节中，我们测量了一栋楼的高度，这一节我们将试试测量地球的半径。早在 2000 多年前，希腊天文学家和地理学家埃拉托色尼就利用天文学和测地学原理，测量了地球圆周长，这一实验称为十大最美的物理实验之一。

埃拉托色尼出生于希腊在非洲北部的殖民地昔兰尼（今利比亚），他不仅是天文学家和地理学家，还是哲学家、诗人。他将天文学与测地学结合起来，第一个提出在夏至那天，分别在两地同时观察太阳的位置，并根据地物阴影的长度差异计算地球圆周长的科学方法。

如图 1-7 所示，埃拉托色尼选择同一子午线上的西恩纳（Syene，今阿斯旺）和亚历山大里亚，在夏至那天进行太阳位置观察的比较。在西恩纳附近，尼罗河的一个河心岛洲上，有一口深井，夏至那天，太阳光可直射井底。这一现象闻名已久，吸引着许多旅行家前来观赏。它表明，太阳在夏至那天正好位于天顶。埃拉托色尼在亚历山大里亚选择了一个很高的方尖塔作为参照，并测量了夏至那天塔的阴影长度，这样他就可以测量出直立的方尖塔和太阳光射线之间的角度。获得了这些数据之后，他运用泰勒斯提出的一个数学定律，即一条射线穿过两条平行线时，它们的对角相等，通过观测得到了这一角度为 7°12′，即相当于圆周角 360° 的 1/50。由此表明，这一角度对应的弧长，即从西恩纳到亚历山大里亚的距离，应相当于地球圆周长的 1/50。下一步，他借助于皇家测量员的测地资料，得到这两个城市之间的距离是 5000 希腊里（1 希腊里约为 157.5 米），将其乘以 50，结果为 25 万希腊里。为了符合传统的圆周 60 等分制，埃拉托色尼将这一数值提高到 252000 希腊里，以便被 60 除尽。将结果换算为现代的千米数，可得地球圆周长约为 39375 千米，经修订后为 39690 千米，与地球实际的圆周长已经十分相近。

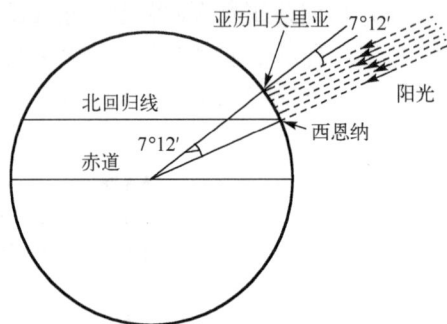

图 1-7　埃拉托色尼测量地球圆周长

这个实验并不复杂，也不难理解，但是在 2000 多年前做到这些，还是让人咂舌。那么，如果我们想测量地球半径，有没有更简单的方法呢？

如图 1-8 所示，设想你趴在海滩上，你的眼睛处在海平面上的 A 点观察日落。当太阳的最后一个亮点消失在海平面上时，你用秒表开始计时。让你的朋友从身后高处 F 点（如山上、楼上）观察日落，当他看到太阳消失的一瞬间时，喊"停！"你就让秒表停下，这中间经过的时间为 t（秒）。此时观察者看到的太阳光角度的变化 $\angle DEC$ 实际上就是地球自转的角度 $\angle FBC$。

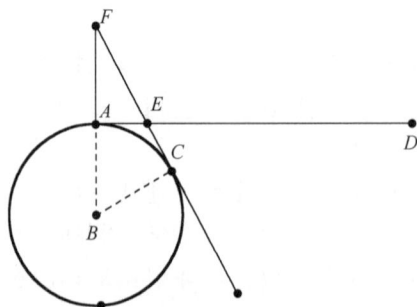

图 1-8　测量地球半径

对于地面上的人来说，太阳的上边没入海平面时，太阳发出的光线与地球相切于 A 点，将那条切线记为 DA。处于高处的人看到的太阳落山时与地球相切的最后一道光线即为 CF。

设高处的观察者所在的高度为 AF，地球的半径为 R，则△ FCB 是直角三角形，有：

$$\frac{\angle FBC}{360} = \frac{t}{24 \times 3600}$$

$$\cos \angle FBC = \frac{R}{R + AF}$$

只要高度 AF 已知，就可以求解两个方程得到地球半径 R。实际上，高度 AF 若为身高 1.70m，t 若为 11s，即使只有自己一个人，也可以完成这个测量。

此外，其实仅仅利用一张水面处的日落照片，就能得到地球半径的大小。普林斯顿大学的数学家罗伯特·范德贝在一篇论文中对一张摄于密歇根湖的日落照片进行了分析，不但证实了地球是圆的，还依据照片上的内容对地球半径进行了估算。

我们知道，日落时，太阳超出水面的部分应该是一个标准的弓形，但为什么在日落时，我们所看到的太阳像一个橄榄球一样？大家或许会很快想到，发光体的下半部分其实是日光在水面上反射形成的。随之产生的是另一个问题：为什么它的下半部分要比上半部分小一些呢？

这是因为地球是圆的。图 1-9 就是人站在地球上看日出的一个比例夸张版示意图，其中 O 为地球的中心，A 为人眼的位置，AB 为视平线，B 点为水天交界处。由于太阳距离我们相当遥远，因此我们把太阳光视为一束理想的平行光线。我们把直接射入人眼的太阳光与 AB 的夹角记为 α，把经过水面上的一点 C 反射进入人眼的光线与 AB 的夹角记为 β。从图上可见，β 比 α 小，也就是说，太阳在水面上的镜像比本身要小一些。

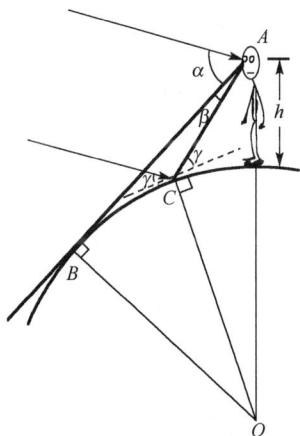

图 1-9　人站在地球上看日出的示意图（比例夸张版）

β 究竟比 α 小多少呢？如图 1-10 所示，对照片进行精确的测量，可知太阳的直径相当于照片中的 317 像素，而超出水面的部分高为 69 像素，水中倒影的高度则只有 29 像素。由于太阳的视直径(看太阳的视角)为 0.5°，因此我们就得到 α = 0.5°×69/317≈0.109°，β=0.5°×29/317 ≈ 0.046°。

如果再已知人眼(或者相机)与水面的垂直距离 h 为 2m，那么我们就足以估算出地球的半径了。不妨把∠ AOB 记为 φ，把∠ AOC 记为 θ，把人眼到水天相接处的距离 AB 记为

D，把人眼到反射点的距离 AC 记为 d，把入射角和反射角记为 γ，用 r 来表示地球半径，那么此时共有 6 个未知数。为了求解出这 6 个未知数，我们需要寻找 6 个不同的方程。这 6 个方程可以由以下 6 组等量关系得到：

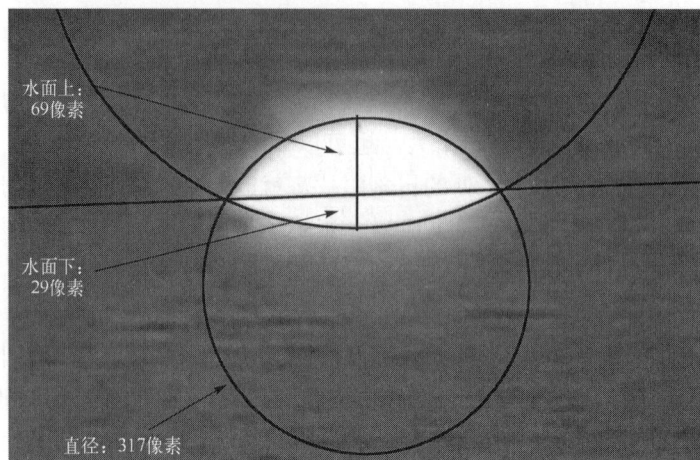

图 1-10　利用一张日落照片测量地球半径的原理

四边形 $OBAC$ 的内角和为 360°，即 $(\varphi - \theta) + 90° + \beta + (180° - \gamma + 90°) = 360°$，化简得方程（1）：

$$\varphi + \beta = \theta + \gamma$$

两条平行线的同旁内角相加为 180°，即 $(\alpha + \beta) + (180° - 2\gamma) = 180°$，得方程（2）：

$$\alpha + \beta = 2\gamma$$

由于 $AO = h + r$，同时又有 $AO = AD + DO = D \cdot \sin\varphi + r \cdot \cos\varphi$，因此有方程（3）：

$$h + r = D \cdot \sin\varphi + r \cdot \cos\varphi$$

BD 既可以等于 $D \cdot \cos\varphi$，又可以等于 $r \cdot \sin\varphi$，于是有方程（4）：

$$D \cdot \cos\varphi = r \cdot \sin\varphi$$

由于 $AO = h + r$，同时又有 $AO = AE + EO = d \cdot \sin(\gamma + \theta) + r \cdot \cos\theta$，因此有方程（5）：

$$h + r = d \cdot \sin(\gamma + \theta) + r \cdot \cos\theta$$

CE 既可以等于 $d \cdot \cos(\gamma + \theta)$，又可以等于 $r \cdot \sin\theta$，于是有方程（6）：

$$d \cdot \cos(\gamma + \theta) = r \cdot \sin\theta$$

经过一系列复杂的代数运算，我们可得：

$$r = h / (\sqrt{1 - 2\cos\beta\cos\gamma + \cos 2\gamma} / \sin\beta - 1)$$

其中，$\gamma = (\alpha + \beta)/2$。代入已知的 α、β 和 h 可以得到，地球半径 r 约为 7293 千米。

这个估算的误差有多大呢？事实上，地球的半径约为 6300 千米，可见误差很大。不过，考虑到这个估算的依据仅仅是一张照片，因此已经相当难得了。

1.9　油膜法测量分子直径

能够用宏观方法测量出微观尺度的方法和实验，都让人称奇。比如将油酸酒精溶液在水面上展开为近似单分子的油膜，从而测量出分子直径，就是十分经典的实验。

　　向一个浅盘中倒入约 2cm 深的水，将适量痱子粉或石膏粉均匀地撒在水面上。用注射器慢慢地将一滴油酸酒精溶液滴到水面上，油酸将在水面上自由扩展，形成单分子油膜，采用有机玻璃板盖住浅盘，用彩笔绘出油膜形状，再利用坐标纸，输出油膜形状所覆盖的格子数，既可得到油膜面积 S，用油滴体积 V 除以油膜面积 S，即可得到油酸的分子直径。这个实验之所以选择油酸，是因为油酸具有独特的分子结构，其分子的一端具有亲水性，另一端具有憎水性。当把用酒精稀释过的油酸滴在水面上时，油酸便可在水面上展开，其中酒精溶于水，并很快挥发，这样就可以在水面上形成有自由边界的一层纯油酸薄膜，即单分子油膜。

　　由这个实验，可以联想到科研领域十分热门的石墨烯实验。2004 年，英国科学家盖姆和诺沃谢洛夫就将热解石墨片中剥离的石墨片粘在特殊胶带上，并撕开胶带将石墨片一分为二，然后多次重复这一操作，得到了仅由一层碳原子组成的石墨烯。虽然理论上，这个操作匪夷所思，但利用该方法真的将石墨烯制备出来了。这两位发现者也因此获得 2010 年诺贝尔物理学奖。

第 2 章　力学与运动

2.1　拿不起来的圆锥

图 2-1 所示是一些普通而神奇的圆锥。这些看似普通的圆锥，却让人们无论如何也拿不起来，这是为什么呢？其实，只需要用中学知识就可以解释这一现象。

如图 2-2 所示，我们仅对一个斜面的受力进行分析，设手按压斜面的力为 F，产生的摩擦力为 $f = \mu F$，μ 为摩擦系数。竖直截面顶角的一半为 θ，摩擦力和按压力在竖直方向上的分力分别为 $\mu F \cos\theta$、$F \sin\theta$。只要 $\mu F \cos\theta - F \sin\theta \geqslant 0$，即 $\theta \leqslant \arctan\mu$，人们就可能拿起圆锥。反之，不论 F 多大，人们都不可能拿起圆锥。

图 2-1　一些普通而神奇的圆锥

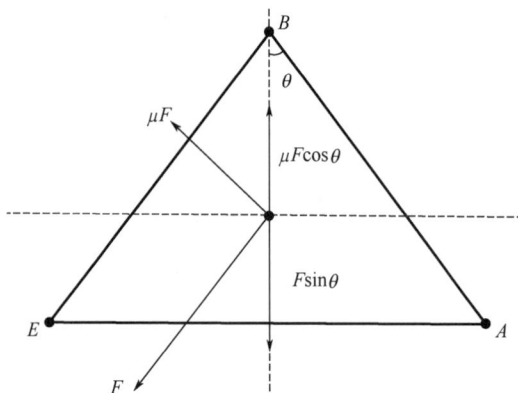

图 2-2　圆锥的受力分析

我们可以将不同顶角角度的圆锥组合在一起，形成一个"套娃"结构，并由外到里一个个地将圆锥拿起来，直到拿不起来为止，这样，产生的实际感受会让我们对实验的领悟更加深刻。

2.2　沙　堆　问　题

当我们将沙子或者小米、面粉等物品倾倒于平面上堆积时，总会自然地形成圆锥体，如果稍加注意，你会发现相同物品形成的堆积物的表面与水平面所成角度总是一个固定值，这个角度称为休止角，其与颗粒密度、表面积、形状及该物质的摩擦系数有关。对这一问题的研究也是 2018 年国际青年物理学家竞赛(IYPT)的题目。

其实，用一个薄的有机玻璃夹板可以很好地显示这个现象。向玻璃夹板中倒入沙子，如图 2-3 所示，沙堆的受力分析如图 2-4 所示。

图 2-3 向玻璃夹板中倒入沙子

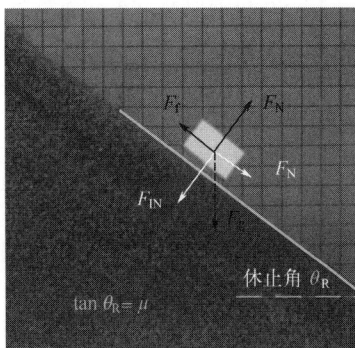

图 2-4 沙堆的受力分析

分析斜面上沙子的受力，很容易就可以得到 $\mu = \tan\theta_R$。

2.3 正 态 分 布

从上一节中可以看出，粉末或小颗粒状物体从一个小口中流出，会在地上堆积成一个圆锥。如果在小颗粒状物体下落时，在夹板中布置规则排布的小钉子，并在夹板底部的平面上等间距地布置隔板，那么小颗粒状物体落下来形成的不再是一个规则的圆锥，而是由一条正态分布曲线围成的区域，如图 2-5 所示。将如此布置的夹板和隔板的组合称为伽尔顿板，用于演示大量随机事件所遵从的统计规律，即正态分布规律，如图 2-6 所示。

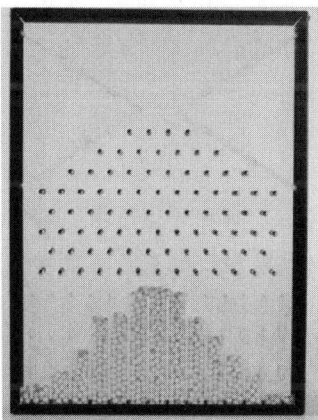

图 2-5 伽尔顿板

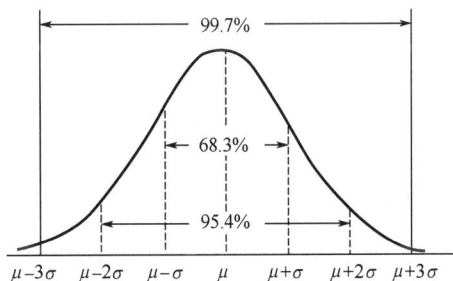

图 2-6 正态分布规律

利用伽尔顿板，我们使粒子逐个落下，单个粒子落在哪个槽中的结果是偶然的、随机的、不可预见的。若使全部粒子一起落下，可以看到，大量粒子在各个槽中的分布是对称的，近似于正态分布。重复几次实验可发现，每次实验所得到的粒子分布的曲线基本相同，又略有差异，表明大量随机事件满足一定的统计规律，各次实验结果之间的偏差就是统计规律中的涨落现象。

实验结果表明，单个粒子落入哪个槽中的结果是随机的，少量粒子的分布也有明显的随机性，但大量粒子的分布则遵从一定的统计规律。正态分布是自然界最常见的统计规律，也是统计理论研究中最基本的分布规律。多种独立的小影响因素的综合结果产生正态分布，同时多种非正态分布的综合结果(以各分布函数的卷积表示综合分布)随种类个数的增加以正态分布为极限。

如果伽尔顿板下面没有隔板，大量粒子的分布应该是什么样的？有兴趣的学生可以一起讨论。

延伸阅读

群体的智慧

一次竞猜引出的奇妙发现

1906 年的一天，英国科学家弗朗西斯·伽尔顿去了一个乡村集市。

他在集市上漫步时，偶然来到一个"猜重量赢大奖"的比赛场地。一头肥壮的公牛被牵到展台上，聚拢过来的人纷纷对这头牛的体重下赌注。一共有 800 个人想碰碰运气，其中有些是屠户和农民，更多外行人也想和他们一争高下。

当竞猜结束、奖品分发完毕后，伽尔顿找了一张纸，进行了一系列统计分析。他将所有竞猜者估计的体重都记下来，并计算这组数据的平均值。结果会是多少呢？

伽尔顿认为，这个平均值与标准值一定相差甚远。毕竟，外行人占竞猜者的比例更大。

但是，他完全错了。这个群体猜测的牛的体重为 1197 磅，而事实上，牛的体重为 1198 磅。换句话说，群体的判断基本称得上完美。伽尔顿总结道："群体判断的准确性，要比预想的可信。"

遇难潜艇失而复得

1968 年 5 月，美国潜艇天蝎号在北大西洋失踪。它究竟发生了什么事情，美国海军一无所知。对于最后一次联系后它又航行了多远，人们也仅有模糊的判断。军方确定的搜索区域是一片 20 英里宽、数千英尺深的环形海域，这么大区域内的搜索任务是一项几乎没有希望完成的任务。

正当大家一筹莫展时，一位名叫约翰·克拉文的军官提出了一个与众不同的方案。克拉文编写了一系列剧情脚本，对于天蝎号可能发生的事情，提出了所有可供选择的解释。然后，他召集了一组具有不同背景的人士，包括数学家、潜艇专家和搜救人员，要求他们就情况可能向哪方面发展做出最可能的猜测。

为了使整个过程变得有趣，这些猜测都以投注的方式进行，奖品是威士忌酒。于是，克拉文召集的这些人就潜艇为什么会遇到麻烦以及潜艇撞向海床时可能的速度和倾斜角度来下注。

虽然这些信息中没有一条信息能指明天蝎号到底在什么地方，但克拉文认为，如果将所有答案综合起来分析，就能对潜艇遇难事件形成完整的拼图。

事实证明，这是个好主意。在天蝎号消失 5 个月之后，一艘军舰发现了它的沉没地点，与克拉文那个团队估测的位置相距仅 220 码(约 200 米)。

这个故事的惊人之处在于，没人知道潜艇究竟为什么遇难，更没有人对潜艇以多快的速度下沉，或者沉到多深的海底有任何概念。即便如此，作为整体的群体，仍能无限逼近真相。

群体的决定往往科学

伽尔顿和克拉文的发现，说明了这样一个道理：在适当的环境下，群体在智力上表现得非常突出，而且通常比群体中最有智慧的人还聪明。即使群体中的绝大多数人都不是特别见多识广或富有理性的人，但他们仍能做出充分体现群体智慧的决定。

这种"群体智慧"，在这个世界上以多种不同的形式发挥着作用。这就是我们通过搜索引擎搜索某主题时能得到多达数十亿个网页，却总能准确发现那个包含自己希望查找的信息的页面的原因。这也有助于解释为什么过去十几年来，艾奥瓦州中部数百名业余人士对美国大选结果的预测，总是要比盖洛普等专业机构准得多。

不仅如此，群体的智慧还能够说明为什么有的公司快速发展，有的公司却常常深陷泥淖；它有助于解释为什么你凌晨两点去便利店买牛奶时，那儿正好有一箱牛奶在静候你的到来。

2.4　里 拉 斜 塔

在桌子边缘有一摞质量分布均匀且完全相同的木块叠放在一起，我们从最上面的木块开始，尽力将木块向一侧推，使其刚好稳定而不掉下，以此类推，完成后，最上面的木块可以完全超出桌面吗？

这是有趣的里拉斜塔问题，里拉斜塔的名称最早出现在 1955 年美国的《物理期刊》上，1964 年，世界著名的科普作家马丁·加德纳在科普杂志《科学美国人》中也讨论过这个问题。

木块稳定不倒的条件是木块的重心落在支撑物上。因为木块已经按要求处在最边缘位置，又已知规则物体的重心就在其几何中心，所以第一个木块的重心，在其长度的 1/2 处；上面两个木块的重心比第一个木块多伸出 1/4；以此类推，N 个木块的重心位置为

$$\left(\frac{1}{2}+\frac{1}{4}+\frac{1}{6}+\cdots+\frac{1}{2N}\right)L$$

其中，L 为单个木块的长度。可见当有 4 个木块时，其重心就超过了桌子边缘。该公式是发散的，即当 N 趋于无穷大时，原式也趋于无穷大，即原则上木块可以被一直堆积下去。里拉斜塔问题示意图如图 2-7 所示。

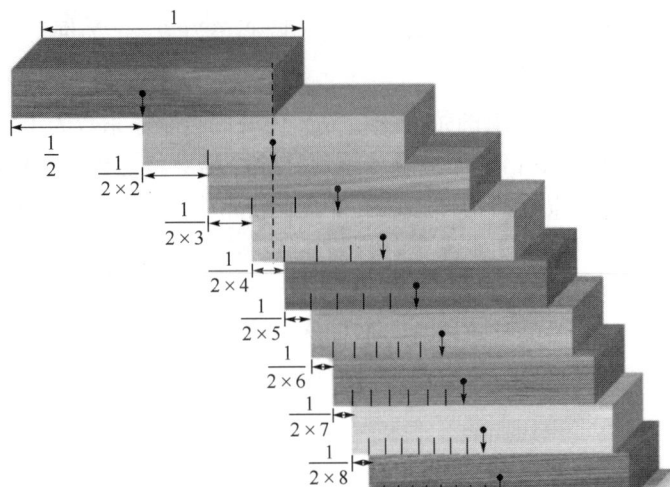

图 2-7　里拉斜塔问题示意图

2.5 摔手机实验

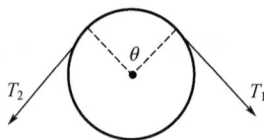

在大学的课堂上，学生难免会玩手机、刷视频、打游戏，本实验就是针对这个场景设计的，称为摔手机实验。

如图 2-8 所示，取一个水平杆和一根绳子，将绳子搭在水平杆上。将手机固定在绳子的一端，将一个轻小的物体 A 固定在绳子的另一端。松开物体 A，我们会眼看着手机下落。我们直观的感觉是手机会近似做自由落体运动下落，重重地摔在地面上。但实际上，物体 A 会因为手机的拉动，开始绕轴做圆周运动，缠绕在轴上，从而使手机在下落一段距离后停止。

当然，本实验还是有失败的概率的，比如水平杆表面太光滑，物体 A 端的绳子太短或者绳子缠绕并交叠在一起时，实验可能会失败，所以做实验时我们需要在地面上放置一个软垫子。

其实，手机是否安全，取决于长度 r，物体 A 端绳子与水平面的夹角 α，以及水平杆与绳子的摩擦力。分析受力和物体 A 的运动轨迹，都是很有趣的问题，如图 2-9 所示。

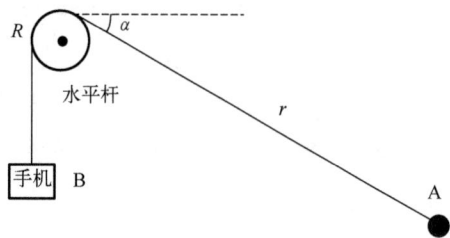

图 2-8　摔手机实验　　　　图 2-9　分析受力和物体 A 的运动轨迹

两段绳上的拉力满足绞盘方程（Capstan Equation）：

$$T_2 = T_1 \cdot e^{-\mu\theta}$$

其中，T_1 为较大力，T_2 为较小力，两段绳子所围圆心角为 θ，μ 为绳子和水平杆之间的摩擦系数。

可见，随着 θ 增大，绳子上的张力呈指数级递增。当摩擦系数为 0.2，绳子缠绕 3 圈时，两段绳子的拉力相差 40 倍，而缠绕 6 圈时，这个倍数将达到约 2000，所以，此时用较小的力就可以固定一个很重的物体。这就是我们日常生活中用绳子捆绑物体的秘密。码头的船工为了防止泊岸的船只随水漂走，将船只缆绳在岸边的桩子上缠绕多圈，也是利用了这个原理，该原理也称为缆绳绕柱效应。

摩擦力是我们十分熟悉的基本概念，但依然值得探究。比如，将两本书交错相叠后能抵抗巨大的拉力。在费曼物理学讲义中，对摩擦力有如下阐述，或许对我们认识摩擦力有所帮助。

当一个固体在另一个固体上滑动时，存在滑动摩擦力，需要有力来维持运动。它的起因是非常复杂的问题。从原子情况来看，相互接触的两个表面是不平整的。它们有许多接触点，在这些接触点上，原子好像粘在一起，于是当我们拉动一个正在滑动的物体时，原子一下分开，随即发生振动。一般认为，物体表面布满凹凸不平的形状，摩擦起因于抬高滑动体越过突起部分。使一个物体在另一个物体上运动所需的力取决于两个相互接触的表面间的法向力（即同表面垂直的力）。作为相当好的近似，摩擦力与法向力成正比，比例系数近似是常数。

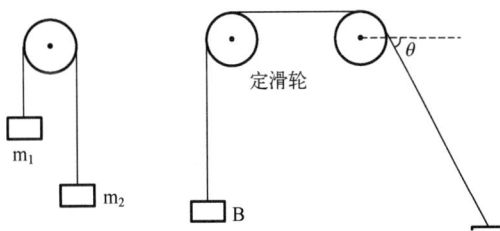

2.6　摇摆的阿特伍德机

循环摆（Looping Pendulum，LP）是由跨过一水平杆的轻绳和其两端悬挂的一重一轻物体组成的力学系统，如图 2-10 所示。该力学系统源自摇摆的阿特伍德机（Sweeping Atwood's Machine，SAM），如图 2-11 所示。

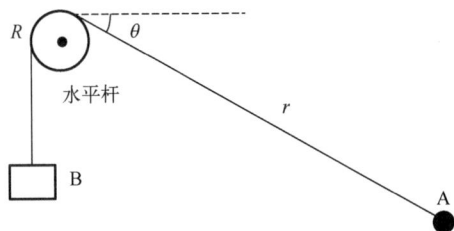

图 2-10　循环摆系统　　　　　　图 2-11　摇摆的阿特伍德机

阿特伍德机是由英国物理学家乔治·阿特伍德于 1784 年提出的，是在跨过固定水平杆的轻绳两端悬挂一重一轻两物体而形成的力学系统。在不同初始条件下，该系统中两物体会展现出不同的运动现象。一种最为简单的现象是，若初始时悬挂两物体的绳均竖直下垂，释放重物，则系统中只有重物下降、轻物上升的一维运动，运动状态简单清晰。另一种稍复杂的现象是，若初始时轻物被拉起，其绳与水平杆的夹角不为 90°，则当两物体被释放时，会出现轻物一边摆动一边上升的双自由度运动现象，其运动规律比上述一维运动要复杂得多，此时的系统称为摇摆的阿特伍德机。而 LP 系统在不同初始条件或不同系统参数（如两物体质量比、绳长比）下，所展现出的运动现象更为丰富。因此，自 LP 系统出现以来，它一直吸引着学者们的研究目光。

通过实验，我们发现在较短绳长与较低质量比的情况下，LP 系统具有与一般 SAM 系统相似的运动状态。而在绳长与质量比超过某一临界值时，LP 系统则会出现其特有的一种运动状态。即当轻、重物质量满足一定关系时，两物体的运动展现出两个不同的阶段：重物的竖直下落与静止，将重物竖直下落时轻物的运动称为第一阶段运动，重物静止后轻物的运动称为第二阶段运动。在实验中可观察到，某些情况下，重物会发生二次下落情况。

通过对实验的观察，我们对 LP 系统特有的运动状态进行简单的定义：只有轻物进入第二阶段运动状态并持续运动超过一周，即重物保持静止状态达到一定的时间时，才算 LP 系统出现其特有的运动状态。接下来对 LP 系统这种特有的运动状态进行分析。

动力学方程的构建

设空气阻力可忽略，水平杆与绳间的摩擦力不可忽略，绳为轻质非弹性绳，轻物质量为 m，重物质量为 M。对 LP 系统这种特有的运动状态来说，重物和轻物的运动轨迹如图 2-12 所示。

设重物运动的距离为 Y，轻物运动曲线形成的圆弧的半径为 r，得到的实验曲线如图 2-13、图 2-14 所示。我们可以发现，在重物停止运动前后，轻物的运动状态明显不同，因此需分段计算其动力学方程。

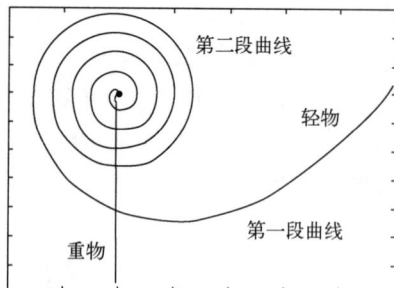

图 2-12 重物和轻物的运动轨迹

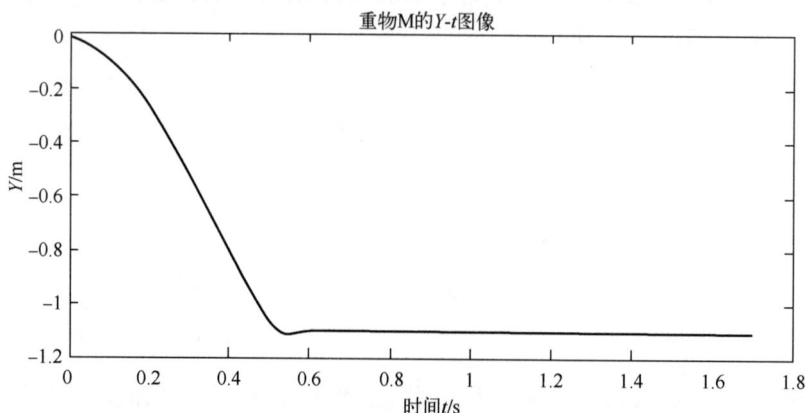

图 2-13 重物的运动曲线

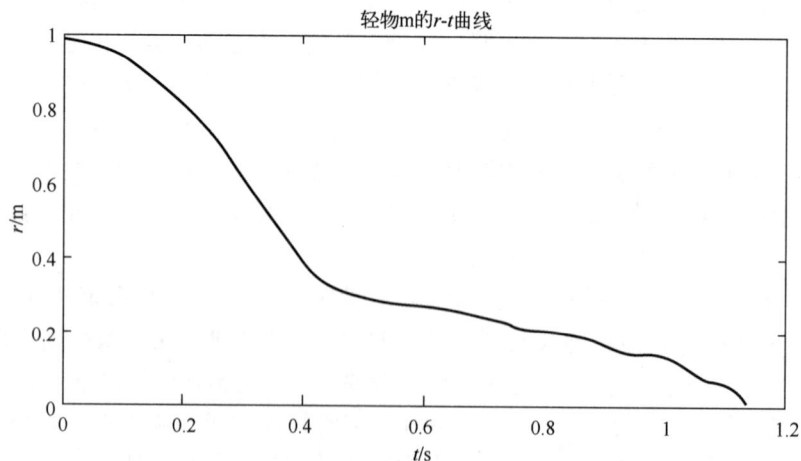

图 2-14 轻物的运动曲线

第一阶段（重物下落阶段）

在第一阶段，轻、重物的速度满足

$$v_{\mathrm{m}} = \dot{r} \cdot \boldsymbol{e}_r + r\dot{\theta} \cdot \boldsymbol{e}_\theta \tag{1}$$
$$v_{\mathrm{M}} = (\dot{r} + R\dot{\theta}) \cdot \boldsymbol{e}_y$$

因此整个系统的动能 T 与势能 V 满足

$$T = \frac{1}{2}m(\dot{r}^2 + r^2\dot{\theta}^2) + \frac{1}{2}M(\dot{r} + R\dot{\theta})^2 \tag{2}$$
$$V = -mgr\sin\theta - Mg\left(L - r - R\left(\frac{\pi}{2} + \theta\right)\right)$$

则其拉格朗日函数表示为

$$L = T - V = \frac{1}{2}m(\dot{r}^2 + r^2\dot{\theta}^2) + \frac{1}{2}M(\dot{r} + R\dot{\theta})^2 + mgr\sin\theta + Mg\left(L - r - R\left(\frac{\pi}{2} + \theta\right)\right) \tag{3}$$

上述公式中，m 为轻物质量，M 为重物质量，r 为轻物一侧的绳长，L 为绳子长度，R 为水平杆圆形截面的半径，θ 为绳与水平面的夹角，$\boldsymbol{e}_r$、$\boldsymbol{e}_\theta$、$\boldsymbol{e}_y$ 为单位向量。

考虑杆与绳间的摩擦力不可忽略，引入非保守力摩擦力 f。对于水平杆两段绳的受力问题，两段绳上拉力满足绞盘方程（见图 2-9）：

$$T_2 = T_1 \cdot \mathrm{e}^{-\mu\theta} \tag{4}$$

T_1 为较大力，T_2 为较小力，得摩擦力

$$f = -T_1(1 - \mathrm{e}^{-\mu\theta}) \tag{5}$$

重物侧绳的拉力 T_{M} 与重物加速度 a_{M} 相关，满足：

$$T_{\mathrm{M}} = M(a_{\mathrm{M}} + g) = M(g + \ddot{r} + R\ddot{\theta}) \tag{6}$$

所以

$$f = -M(g + \ddot{r} + R\ddot{\theta})(1 - \mathrm{e}^{-\mu(\theta + \frac{\pi}{2})}) \tag{7}$$

因此求得广义力

$$Q_\alpha = \sum_i F_i \cdot \frac{\partial r_i}{\partial q_\alpha} \tag{8}$$

对于摩擦力 f，有

$$\mathrm{d}r_f = \mathrm{d}r - R\mathrm{d}\theta$$

所以

$$Q_r = M(g + \ddot{r} + R\ddot{\theta}) \cdot \mathrm{e}^{-\mu(\theta + \frac{\pi}{2})}$$
$$Q_\theta = M(g + \ddot{r} + R\ddot{\theta})R \cdot \mathrm{e}^{-\mu(\theta + \frac{\pi}{2})}$$

将其代入基本形式拉格朗日方程

$$\frac{\mathrm{d}}{\mathrm{d}t}\left(\frac{\partial T}{\partial \dot{q}_\alpha}\right) - \frac{\partial T}{\partial q_\alpha} = Q_\alpha$$

得系统动力学方程

$$\begin{cases} m\ddot{r} - mr\dot{\theta}^2 - mg\sin\theta + M(g+\ddot{r}+R\ddot{\theta}) \cdot e^{-\mu(\theta+\frac{\pi}{2})} = 0 \\ mr^2\ddot{\theta} + 2mr\dot{r}\dot{\theta} - mgr\cos\theta + M(g+\ddot{r}+R\ddot{\theta})R \cdot e^{-\mu(\theta+\frac{\pi}{2})} = 0 \end{cases} \tag{9}$$

忽略物体形状的差异，引入质量比

$$k = \frac{M}{m}$$

所以

$$\begin{cases} \ddot{r} - r\dot{\theta}^2 - g\sin\theta + k(g+\ddot{r}+R\ddot{\theta}) \cdot e^{-\mu(\theta+\frac{\pi}{2})} = 0 \\ r^2\ddot{\theta} + 2r\dot{r}\dot{\theta} - gr\cos\theta + k(g+\ddot{r}+R\ddot{\theta})R \cdot e^{-\mu(\theta+\frac{\pi}{2})} = 0 \end{cases} \tag{10}$$

这是一个变系数的二元二阶微分方程组，无法得到解析解，可采用数值解法求其运动规律。

第二阶段（重物静止阶段）

在重物停止运动后，轻物独自绕水平杆做循环转动，系统进入第二阶段。

在第二阶段的运动过程中，轻物一侧的拉力始终满足

$$T_{\text{m}} = m \cdot (r\dot{\theta}^2 + g\sin\theta - \ddot{r}) \tag{11}$$

当此拉力满足

$$T_{\text{M}} \cdot e^{-\mu\left(\theta+\frac{\pi}{2}\right)} \leqslant T_{\text{m}} \leqslant T_{\text{M}} \cdot e^{\mu\left(\theta+\frac{\pi}{2}\right)} \tag{12}$$

时，绳将始终保持伸直状态。在重物停止运动后，存在几何约束关系，轻物的运动满足渐开线方程：

$$r = R\sqrt{1+\theta^2} \tag{13}$$

考虑到实际情况，对渐开线方程进行如下改写：

$$r = R\sqrt{1+\left(\theta - \frac{r'}{2\pi R}\right)^2} \tag{14}$$

其中，r' 为重物停止运动时剩余的绳长，称为分离绳长。显然，第二阶段运动中的渐开线轨迹与第一阶段运动过程直接相关。

2.7 平 衡 鸟

图 2-15 所示是一只可爱的平衡鸟，图中，支撑物支撑住小鸟的嘴巴，小鸟可以稳定地悬在空中，即便是你让小鸟旋转或上下摆动小鸟，其也会始终绕着支撑点运动，不会掉下来。仔细观察并分析，可以发现，小鸟的重心会落在支撑点的下方，这是一种十分稳定的物理结构，尽管看起来很神奇，但是其物理原理非常简单。

　　平衡鸟实验可以用橡皮泥、折纸、牙签、土豆块等工具轻松实现，实验非常适合在课堂上演示，也非常适合让学生现场制作。这个实验虽然难度不大，但也不是所有人都能在短时间内做好的。要理解其中的奥妙，才能转化到手上做出来。本实验的关键是调整重物的相对位置，使整个物体的重心落在支撑点的下方。学生现场制作出来平衡鸟示例如图 2-16 所示。

图 2-15　一只可爱的平衡鸟　　　　　　图 2-16　学生现场制作出来平衡鸟示例

2.8　奇妙的旋转

　　刚体转动是大学物理课程中的重要部分，本节将从角动量守恒开始，展示茹科夫斯基凳、四轴飞行器、陀螺进动、立起来的蛋等多个实验。

2.8.1　茹科夫斯基凳

　　茹科夫斯基凳实验在大多物理演示实验教材中都可以看到。茹科夫斯基是俄罗斯著名空气动力学家、现代航空科学的开拓者。

　　茹科夫斯基凳并不复杂，但是每次演示，都会引来学生的阵阵笑声和尖叫声，因为这是一个可以让学生亲自体验的实验。

　　每次，让一名学生手持哑铃坐在凳子上，打开双臂，让其他学生推动坐着的学生，使其旋转起来。坐着的学生再收紧双臂，观察现象。很容易可以看到，坐着的学生收紧双臂后，他的转速增加，再次打开双臂时，他的转速明显减小。

　　我们知道，当外力对给定轴的总力矩 M_z 为 0 时，物体对该轴的角动量 L_z 将保持不变，即

$$M_z=0，L_z=J\omega=常量$$

　　因此，当我们收紧双臂时，转动半径 r 减小，转动惯量减小，角速度增加。让我们从转动动能的角度来思考一下。转动动能=$J\omega^2/2$，可见，在上述实验中，收紧双臂，角速度增加，转动动能增加。也就是说，在收紧双臂的过程中，人对哑铃做了功。

　　本实验也可以在学生不拿哑铃的情况下，直接展开双臂进行，但是效果没有拿哑铃时

明显，为什么呢？因为人体重量不能忽略，所以角速度的变化程度就和手持重物的质量密切相关，因此手持哑铃可以获得更好的效果。

茹科夫斯基凳实验还有另一种做法，如图 2-17 所示，即借助一个转轮，首先将转轮启动，转动面竖直，然后将转动面放平，由于角动量守恒，转动面放平时，人的身体会随之反转。我们可以将人体和转轮组成的整体作为研究对象。起初，两者在水平方向上并无转动，当其中的部分转动时，为了保持角动量守恒，人体才会随之反转。

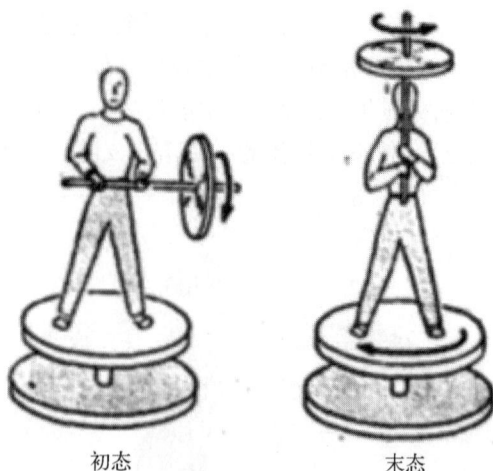

初态　　　　　　末态

图 2-17　茹科夫斯基凳实验的另一种做法

航天器在太空中调整飞行姿态，就经常用到这种方法。人们在航天器的几个自由度上会分别安装上转轮，并通过转轮的旋转，方便地控制航天器的姿态。

2.8.2　中间轴定理

1985 年，宇航员弗拉基米尔·扎尼别科夫(Vladimir Dzhanibekov)在太空中执行任务时，发现在微重力中旋转的蝶形螺母会周期性地翻转，这种现象称为扎尼别科夫效应。这种现象曾引发科学家的担心，因为地球可以视为一个大的蝶形螺母，而且地球也在围绕着地轴自转。如果扎尼别科夫效应适用于万事万物，那么地球也可能发生翻转。

其实，造成扎尼别科夫效应的是中间轴定理，而中间轴定理并不适用于地球，因此科学家们的担心是多余的。

中间轴定理指出，物体只有在沿着能产生最大转动惯量或最小转动惯量的惯量主轴旋转时才比较稳定，沿着产生中间转动惯量的主轴旋转时，必然会发生周期性翻转。

简单来说，如果一个物体(刚体)沿着 x、y、z 轴旋转时，其有 3 个不同的转动惯量，就认为它有 3 个不同的惯量主轴。如图 2-18 所示，x 轴是中间轴，绕着它旋转产生的转动惯量居中。根据中间轴定理，如果 T 型刚体绕着它旋转，必定会发生周期性翻转。

图 2-18　中间轴定理示例

利用乒乓球拍可以很好地完成这个实验，如图 2-19
所示，乒乓球拍有 x、y、z 三个转动轴，其中 x 轴为中间
轴。当沿着转动惯量最大的 y 轴和转动惯量最小的 z 轴旋
转时，球拍可以稳定旋转，而当沿着 x 轴旋转时，球拍的
旋转非常不稳定，会发生翻转。

中间轴定理可以解释跳水、体操运动员在旋转和空中
转身时手臂的动作。为了做出空翻+转体的动作，就要让

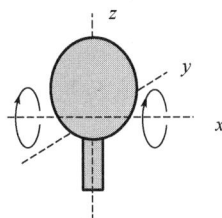

图 2-19　利用乒乓球拍完成实验

身体变得不对称，使自己沿着中间轴旋转，运动员会一只手向上，一只手向下，摆出超人
的姿势。但是如果不在空中转身，运动员就要保证在最大或最小的惯量主轴上旋转，让身
体保持对称。

回到令科学家担心的地球问题上，地球不是一个完美的球体，赤道附近凸起，因此实
际上是一个类球体，只有两个不同的惯量主轴，并不存在中间轴，因此不适用于中间轴定
理，所以也就不必担心地球会发生翻转。

2.8.3　猫的翻正反射

猫的翻正反射是指猫从高处跌落时，总是四肢先着地。这个神奇的现象很早就引起了
学者们的注意。物理学家麦克斯韦经过多次实验，发现了猫从高处跌落时总能保持脚掌先
着地，从低于 5 厘米的高度落下时不会脚掌先着地。

1894 年，法国科学院的生理学家马莱发明了一种摄影枪，一秒能连续拍摄 12 张照片，
并且将所有的图像记录在同一张照片上。于是我们有了图 2-20 所示的这张著名的照片。

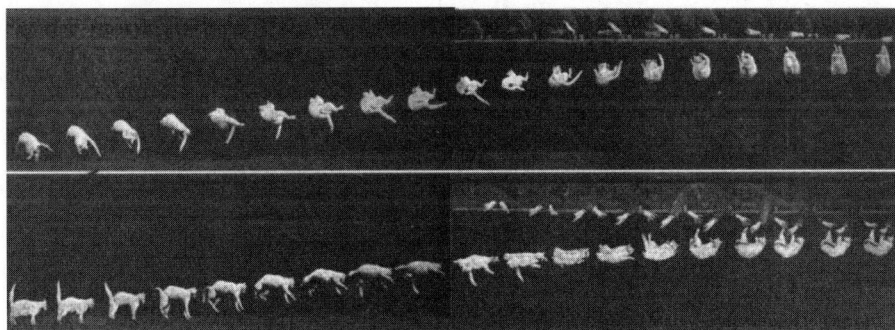

图 2-20　马莱拍摄的猫的翻正反射照片

马莱发现，猫从四足朝天自动翻转回来仅需 1/8s。根据动量矩守恒原理，腾空后的猫
处于无力矩的自由状态，在下落过程中应维持初始状态的零动量矩不变，那么猫做 180°翻
转所需要的动量矩增量从何而来？

1894 年，法国人古尤对此提出一种解释。他认为猫的转体可能分前后半身两阶段完成。
在第一阶段(前半身转体)时，前腿向头部靠拢以减小转动惯量。后半身同时朝相反方向转
动，由于转动惯量的差异，后半身转过的角度必小于前半身。在第二阶段(后半身转体)时，
后腿向尾部贴近，使前半身逆转的角度小于后半身。这种解释虽然符合动量矩守恒，但缺
少摄影记录的证实。

洛强斯基编著的《理论力学》教科书中也讨论了猫转体的问题，认为急速转动尾巴，猫就能使身体翻转，而动量矩保持为 0。但细长的猫尾与躯体的转动惯量相差悬殊，猫尾在 1/8s 内急速旋转几十圈以实现躯体的翻转显然是不可能的。1960 年，英国生理学家麦克唐纳通过实验证明，无尾猫同样也能完成空中转体，从根本上否定了转尾理论。

1935 年，两位医生拉德麦克和特布拉克提出了比较合理的解释。他们认为，猫在下落过程中依靠脊柱的弯曲使前半身相对后半身做圆锥运动，则整个身体必朝相反方向旋转以维持零动量矩。1969 年，斯坦福大学凯恩教授用两个圆柱形刚体代表猫的前后半身，用球铰作为腰部制作了猫的力学模型，如图 2-21 所示。数值计算表明，当刚体之间做相对圆锥运动时，整体的翻转过程与实验记录基本吻合。此时，这一物理难题才得到了合理的解答。

图 2-21　猫的力学模型

猫的空中转体现象表明，包括人体在内的任何腾空生物体借助肢体的相对运动可以影响整个身躯的转动。在体育运动中，腾空的运动员能利用肢体的动作实现空中转体。在航天技术中，失重的宇航员也能借助肢体的动作完成空中行走任务。所有这些运动无不遵循动量矩守恒原理。

2.8.4　直升机演示仪器

由定轴转动角动量守恒定律可知，直升机对垂直轴的角动量守恒。当直升机顶部旋翼旋转时，机身必须反方向旋转，以保持系统总的角动量为零，这就需要启动尾翼的螺旋桨，产生补偿力矩，以克服机身反转。直升机演示仪器有两个调速旋钮，分别可以调整顶部和尾部螺旋桨转速，需要仔细调整，并观察机身状态，体会两个转速的不同匹配状态对机身姿态的控制作用。

2.8.5　四轴飞行器

四轴飞行器又称四轴无人机，可作为航拍机器、儿童玩具，还已经应用于消防、农业等多个领域，其基本结构如图 2-22 所示，仔细观察可以发现，其对角排列的两个桨叶的旋转方向和形状相同，相邻排列的两个桨叶的旋转方向相反，采用这种布局的无人机可以抵消反扭矩，维持系统角动量守恒(转速相同时为 0)。当无人机需要逆时针转向时，顺时针旋转的桨叶转速加快，根据角动量守恒，整个机身实现逆时针转向，反之亦然。当需要加速前进时，后面的两个桨叶的转速同时加快，机身出现前倾，从而获得前进的推力。若无人机要向其他方向推进，则加速的原理也是一样的。

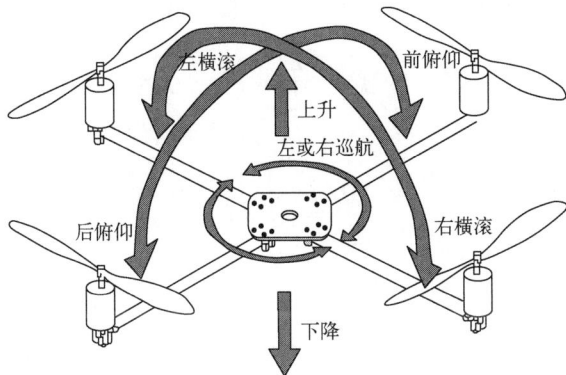

图 2-22　四轴无人机

2.8.6　陀螺进动

当一个物理矢量 A 的变化率矢量总是垂直于该物理矢量且其大小保持不变时，此物理矢量将总改变方向而不改变大小，也就是说它将做进动。若 G 为常矢量，则形如

$$\frac{\mathrm{d}A}{\mathrm{d}T} = G \times A$$

的方程称为进动方程。因为 G 与 A 的叉乘所得矢量 $G \times A$ 的方向总与 A 的方向垂直，且它又是 A 的变化率，因此 A 总在改变方向而不改变大小，A 的方向改变使 $G \times A$ 以同样的方式在改变方向，结果是 A 绕 G 做进动，如图 2-23 所示。

本实验演示车轮的进动，如图 2-24 所示。

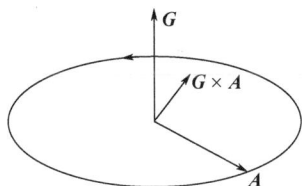

图 2-23　做进动

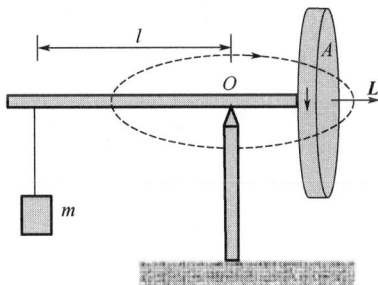

图 2-24　车轮的进动

具有角动量 L 的车轮被一支点 O 支撑起来，在距质点 O 长度为 l 处挂一个质量为 m 的重物。若车轮 A 和重物关于支点 O 不平衡，飞速转动着的车轮将在重物的作用下开始进动。

按极坐标列出车轮的运动方程。

设车轮平衡后再加上重物 m，此时它受到的力为 $f = -mge_z$，力臂以 L 方向的单位矢量 e_r 表示。

设车轮所受力矩为 M，由角动量定理可知

$$M = \frac{\mathrm{d}L}{\mathrm{d}i}$$

而依据力矩定义有：

$$M = r \times f = -\frac{L}{L} l \times f = \frac{l}{L} f \times L$$

由以上两式得：

$$\frac{\mathrm{d}L}{\mathrm{d}t} = \frac{l}{L} f \times L$$

该式说明车轮将做进动，进动角频率

$$\omega = mg\frac{l}{L}$$

将陀螺(模拟车轮)水平放置在支架上，用力使陀螺快速转动，观察其运动。陀螺在水平方向上按顺时针或逆时针转动，即出现进动现象。

2.8.7 翻身陀螺

高速转动的玩具陀螺，受到重力 mg 和水平面支持力 N 以及接地点 O 处的摩擦力 f 作用，如图 2-25(a) 和图 2-25(b) 所示，图中 J 为角动量，C 为质心。从 O 点沿转轴方向看去，接地点处摩擦力 f 的分布如图 2-25(c) 所示，合力为零，它对转轴的力矩因其力臂短而较小，对角动量的影响不大，它仅是一个使角动量慢慢逐渐减小的力矩。

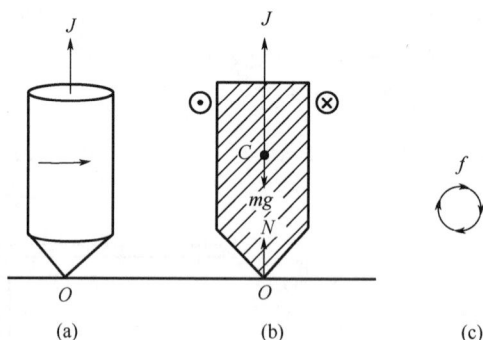

图 2-25　直立状态的玩具陀螺的受力分析

重力 mg 与水平面支持力 N 都沿轴线方向，二者的合力为零，合力矩也为零。在这种情况下，玩具陀螺将保持这种姿态不变，只是转速慢慢减小。

实际上，使玩具陀螺处于直立状态的情况是不易实现的，转轴总与竖直方向偏离一定的角度，如图 2-26 所示。此时陀螺仍受三个力的作用，但由于倾斜，重力 mg 与水平面支

持力 N 的方向不再重合，它们的合力为零，但合力矩不再为零，力矩方向是垂直于纸面向里，它作用的效果是使陀螺绕过接地点 O 且垂直于水平面的垂线而旋转，即陀螺将产生进动。

接地点 O 处地面对玩具陀螺的摩擦力合力将不再为零，它的方向是垂直于纸面向外，它对转轴的力矩因力臂较短而较小，对角动量的影响不大，其作用仍然是使 J 慢慢减小。但此时其合力不再为零，根据质心运动定理，它将使得陀螺作为一个整体垂直于纸面向外移动，也就是说，陀螺逆时针（从上方往下看）做进动的同时，接地点 O 顺时针地做圆周运动。随着时间的推移，陀螺的动能逐渐减小，进动加快，倾斜加剧，最后倒地停止运动。

翻身陀螺与玩具陀螺有很大差异，玩具陀螺为了减少摩擦力矩，把接触地面的一端削得很尖，以减小摩擦力的力臂，而翻身陀螺在接地点附近的表面近似为球面。用一个木球加上一个小柄即可构成简易的翻身陀螺，如图 2-27 所示。

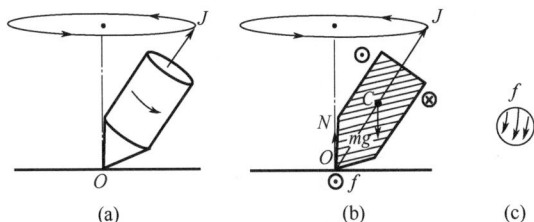

图 2-26　玩具陀螺倾斜时的受力分析

图 2-27　翻身陀螺

对直立状态的翻身陀螺的分析，可参阅上述关于玩具陀螺的相关分析。一般来说，让陀螺处于直立状态是不易实现的，而转轴稍微偏离竖直方向却时常发生。翻身陀螺受形状的影响，它在这种情况下与玩具陀螺有很大的不同，翻身陀螺倾斜时的受力分析如图 2-28 所示。

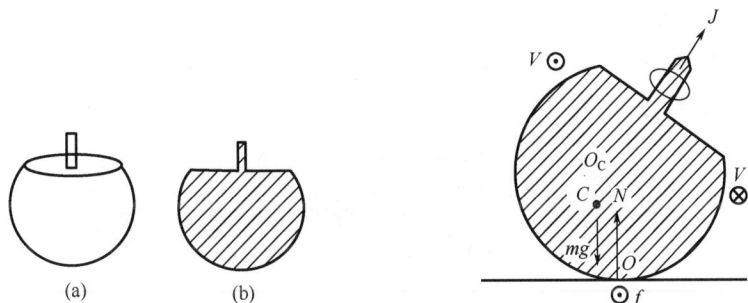

图 2-28　翻身陀螺倾斜时的受力分析

此时翻身陀螺仍受三个力的作用：重力 mg、水平面支持力 N 与摩擦力 f。陀螺表面上关于中轴对称的两点的速度 V 的方向分别为垂直于纸面向里和垂直于纸面向外。重力 mg 过质心，沿竖直方向向下，水平面支持力 N 垂直于水平面沿竖直方向过质心 O_C，两个力近似相等，即其合力近似为零。但由于它们的方向不再重合，将产生力矩，其力矩的方向是垂直于纸面向外，该力矩就是在玩具陀螺中使陀螺进动的力矩。但在翻身陀螺中，由于支持点不固定，它的作用就是使陀螺有一个绕过 O 点的水平面垂线的转动。同时，由于在 O 点，陀螺转动的速度方向为垂直于纸面向里，摩擦力 f 的方向将与之相反，该力对轴的力矩会消耗陀螺转动的能量，使之减慢，此作用与玩具陀螺中的情况相同。此外，按照质心运动定理，它也会使陀螺整体垂直纸面向外运动。陀螺绕轴的转动，陀螺整体的移动，加上陀螺在接地点 O 处相对于水平面的滑动，使得陀螺下一个接地点越来越偏离底部，向顶部的方向移动。

当陀螺转轴转动 90° 后，其状态如图 2-29 所示。此时，重力 mg 与水平面支持力 N 的合力矩达到最大，这使得陀螺的角动量 J 的转向趋于垂直于纸面向外，并且该方向上的速度分量达到极大值。摩擦力 f 的作用一方面使陀螺减速，另一方面使质心平动的速度更快，接地点 O 越来越往柄端靠拢。当接地点 O 移动到球形平台的边缘时，这一过程若再继续下去，支持点会一下子跳到手柄的尖端，以后翻身陀螺的运动就和一般玩具陀螺一样了，而此时翻身陀螺的状态就是比较稳定的状态。

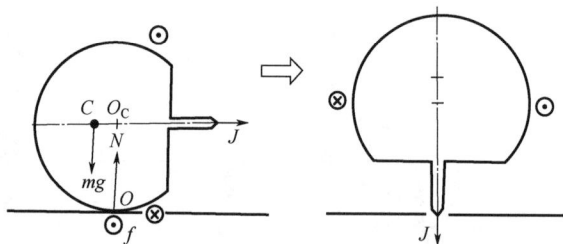

图 2-29　翻身陀螺转轴转动 90° 后的受力分析

总之，这种陀螺的直立状态是不稳定的，它能自动地由正立转为倒立状态，故称为可倒陀螺或翻身陀螺。

2.8.8　反转凯尔特魔石

凯尔特魔石(Celt Stone)是一块底面呈外凸弧形的条形石块，如图 2-30 所示。当将其置于水平面上时，若沿顺时针方向推动它，石块能平稳持续旋转；但若尝试让其逆时针旋转，则其会因底面特殊曲率与平面接触点的动态变化，导致运动状态失稳——要么产生剧烈振动，要么虽能继续转动但发生方向反转。

图 2-30　凯尔特魔石

这种在水平面上能自动改变旋转方向的奇异现象，据说是考古学家研究史前石器时发现的。在文献中，凯尔特魔石的另一个形象化的称呼是 RattleBack，也就是抖动(Rattle)与后退(Back)的结合，简短的名称中包含了其基本特征。关于凯尔特魔石的理论研究可追溯到 1897 年 Walker 的论文。1971 年，Magnus 正确地指出了摩擦所起的关键作用。1981 年，

Kane 利用计算机对凯尔特魔石的倒退现象进行了数值仿真。到目前为止，还不能认为凯尔特魔石的理论研究已完善，但得到公认的结论是：凯尔特魔石现象是自然界中摩擦力的杰作。

凯尔特魔石的典型物理图像是一个非对称的半个旋转椭球体，如图 2-31 所示。

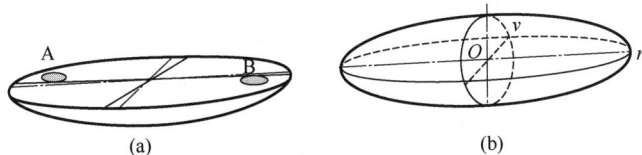

图 2-31   凯尔特魔石的典型物理图像

一个密度均匀的旋转椭球体

$$\frac{x^2}{a^2} + \frac{y^2 + z^2}{b^2} = 1$$

被 $z=0$ 平面切为两半，取其一半放在水平面上，在其切面椭圆的长轴的接近两端处，关于中心对称地粘上两块小的密度大的圆片 A 和 B，使其转动惯量主轴的方向偏离椭圆的几何对称轴。这一图像我们简称为魔石典型体。若在此典型体的长轴端轻轻压它一下，让它沿长轴方向(绕短轴)振动起来，则它就会很快地把这种振动转变为顺时针方向的转动；若拨动它的一端让它在水平面内顺时针慢慢转动，则它可以稳定地转动；若拨动它的一端，让它在水平面内逆时针慢慢转动，则它便把转动转变为沿长轴方向(绕短轴)的剧烈振动，最后又反向转回来。

为什么会出现这样的现象呢？其内因是转动惯量主轴与几何对称轴的偏离，外因是它所在的平面上存在摩擦力。

首先，将魔石典型体放在水平面上，由于它的两个转动惯量主轴与水平面平行，故按压它的椭圆截面上的一点使它振动时，它有两个绕转动惯量主轴的本征振动，一般情况下，魔石典型体的振动是两个本征振动的合振动。设它所在的水平面上存在足够大的摩擦力，可保证它在水平面上的振动为纯滚动。由于它绕两个转动惯量主轴的转动惯量存在明显的差异，因此两个本征振动的频率也明显不同，简单起见，不妨设它们的比是 2∶1，这样，振动中的魔石典型体与水平面的接触点的轨迹将是一个李萨如图形，如图 2-32 所示。

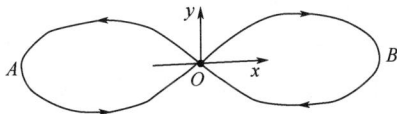

图 2-32   振动中的魔石典型体与水平面的接触点的轨迹

其次，由于魔石典型体所在的水平面上存在着摩擦力，摩擦力使它在水平面上的振动为纯滚动，摩擦力是静摩擦力。魔石典型体在水平面上振动时，其质心也有如图 2-32 所示的轨迹。质心的运动反映了魔石典型体作为一个刚体受到的合外力的情况。比如，若魔石典型体的质心按图 2-32 所示的轨迹运动，在 A、B 两点，质心到达了它在 x 方向的极值点，质心速度的 x 方向的分量为零。设质心在 B 点，在由 B 点向 O 点运动的过程中，质心速度的 x 方向分量的大小逐渐增加，方向沿 x 负方向，即指向 O 点的方向。质心之所以能够沿

x 负方向加速运动，这源于静摩擦力的作用，因为，在此过程中，魔石典型体受到的其他外力(重力和水平面的法向支持力)都是垂直于 x-y 平面的，平行于 x-y 平面的外力只有水平面施加给魔石典型体的静摩擦力。当质心由 O 点向 A 点继续运动时，质心速度的 x 方向分量的大小将逐渐减小，此时质心的受力仍然是静摩擦力，力的方向也是指向 O 点的。总之，魔石典型体在平面上滚动振动时，它与水平面的接触点的轨迹是一个李萨如图形，此图形也反映了质心的运动。在魔石典型体与水平面的接触点沿李萨如图形变动时，水平面始终通过接触点给魔石典型体施加静摩擦力，静摩擦力的方向都是指向其平衡位置对应的接触点 O 点的。

为说明这些物理过程，特以半椭球体为例，分析其俯视图。图 2-33 中的点画线表示对称轴或转动惯量主轴，二者是重合的，细虚线表示其振动时底面与水平面的接触点的轨迹(为看清楚，图中扩大了其大小)，粗虚线表示其所受静摩擦力的方向。由于静摩擦力对 O 点的合力矩为零，因此若启动它振动后，则只有振动而没有转动。

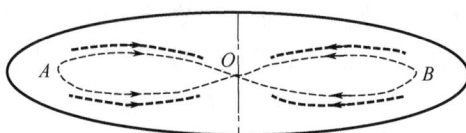

图 2-33　半椭球体俯视图

魔石典型体振动时，其底面与水平面的接触点轨迹如图 2-34 所示。由于它与水平面的接触点轨迹(李萨如图形)是围绕转动惯量主轴的，转动惯量主轴与对称轴的分离使轨迹相对对称轴有了一定角度的偏离，使得静摩擦力对 O 点的力矩不再为零。综合效果是产生了一个顺时针转动的力矩，因此按压魔石典型体椭圆面上的 A 点或 B 点启动它振动时，都将会把振动转换为绕竖直轴的转动。由此可知，按压魔石典型体椭圆面上 A 点或 B 点所在的由转动惯量主轴分割出的两个较大的区域中的任意点，都会产生这样的效果。按压魔石典型体椭圆面上 A 点或 B 点不在的由转动惯量主轴分割出的两个较小的区域中的任意点，都会产生相反的效果，即魔石典型体的振动会转换为逆时针的转动。此魔石典型体对两个方向转动的耦合机会是不均衡的，它更倾向于沿顺时针方向转动。因为非损耗的机械运动的过程的逆过程都会引起相反的结果，如小球沿一个斜坡下滚的速度会变快、位置会下移，小球沿这个斜坡上滚的速度会变慢、位置会升高。因此魔石典型体低速顺时针转动可以稳定地进行，反之，转动会更易转变为振动，而使魔石典型体表现为剧烈的振动，甚至能再耦合回去，由振动变为与原逆时针方向相反的转动。

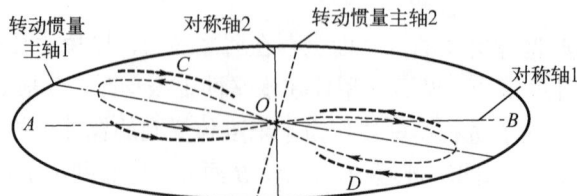

图 2-34　魔石典型体振动时底面与水平面的接触点轨迹

一般来说，刚体的运动都是复杂的，上述的分析仅仅是定性分析。有兴趣的读者可参阅相关文献进行延伸学习。

2.8.9　立起来的蛋

使用普普通通的鸡蛋也可以完成多个小实验。

例如，如何区分一个鸡蛋是熟的(煮过的)还是生的？很多人都知道答案，就是将鸡蛋平放，转动一下。熟鸡蛋会转得很快，转动时间较长，而生鸡蛋转得很"勉强"，转得很慢，很快就会停下来。这是因为生鸡蛋内部为蛋液，旋转时，蛋壳和蛋液之间存在摩擦，消耗了能量。而煮熟的鸡蛋内部为固体，转动时内外一起转动。

又如，将生鸡蛋转起来，用手按住，使其停下，再迅速松开手，可以看到明明停止转动的鸡蛋又继续转动起来。这不难理解，当按住鸡蛋时，虽然鸡蛋外壳停止转动了，但是蛋液还在旋转，所以松开手后，蛋液会再次带动蛋壳旋转。

再如，将熟鸡蛋平放，使其快速旋转，可以看到鸡蛋在水平旋转一段时间后，会突然"立"起来。其"立"着旋转一段时间后，才会逐渐恢复为水平旋转。

通常，旋转的物体会保持其旋转方向(陀螺运动的定轴性)不变，但是熟鸡蛋"立"起来的现象引起了研究者的兴趣。2002 年，H. K. Moffatt 和 Y. Shimomura 在 *Nature* 上发表了论文，解释了这一现象。

建立如图 2-35 所示的模型，从解析的角度来计算鸡蛋旋转对称轴 Oz 和竖直轴 OZ 之间的角度 θ 随时间的变化 $\theta(t)$。采用陀螺近似，利用欧拉角动量方程，可得到夹角一阶微分方程。于是，在两种不同形式的摩擦力下得到了相同的结论：在鸡蛋的几何形状满足一定条件时，在一段时间内，鸡蛋旋转对称轴 Oz 和竖直轴 OZ 之间的夹角会单调地从 $90°$ 变为 $0°$，这解释了鸡蛋重心上升的现象。同时，在摩擦力为零时，角度 θ 不随时间变化，鸡蛋重心不会上升。

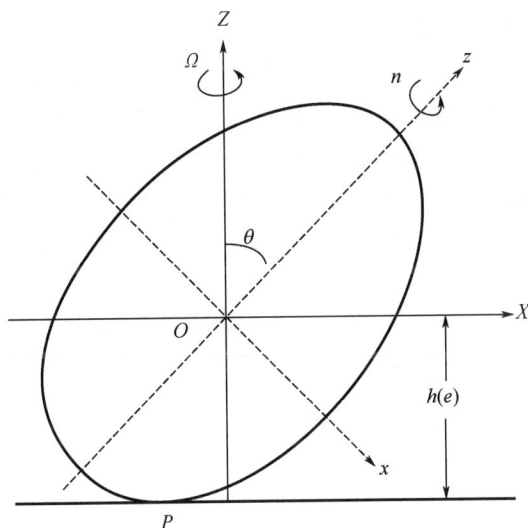

图 2-35　鸡蛋旋转模型

因此，桌面与鸡蛋接触点的摩擦力是鸡蛋重心上升的关键因素。鸡蛋开始水平旋转时，由于鸡蛋形状的特殊性(一头大、一头小)，蛋壳或桌子上任何微小的不规则表面都会使鸡蛋略微倾斜。旋转使得鸡蛋在桌面上滑动，将末端向上推，接触点靠近底端。接触点线速度增大，摩擦力增大，使得鸡蛋能够在这个角度下稳定；鸡蛋继续旋转，接触点更靠近底端，摩擦力继续增大，最终，这种摩擦力将鸡蛋一直"推"到垂直位置。

在很多演示实验室中，还有一种称为"哥伦布蛋"的实验，该实验是发明家尼古拉·特斯拉为演示他修建的交流电设备创造的，在 1893 年芝加哥哥伦比亚博览会上展出，向人们展示交流电动机创造的旋转磁场。哥伦布蛋是一个鸡蛋状的铜块，在旋转磁场中，哥伦布蛋被旋转磁场驱动进行水平旋转，在达到一定速度后，和上述实验一样，哥伦布蛋会立起来。

2.9 经典的伽利略实验

石头和羽毛谁下落得更快？这是个好问题。

人们普遍的认知是，一片落叶总是"飘"下来的，而冰雹却是"砸"下来的。重的物体下落得更快，这是非常符合我们常规认识的结论，并成为人们认知世界的"常识铁律"，包括伟大的亚里士多德也这样认为。这位先哲曾以羽毛与铁球为例，论证质量决定下落速度，其学说统治学界近两千年，甚至被奉为神圣不可侵犯的真理，直到伽利略利用理想实验和科学推理巧妙地否定了亚里士多德的自由落体运动理论。那么，正确的自由落体运动规律是怎样的呢？

由于当时测量条件的限制，伽利略无法用直接测量运动速度的方法来寻找自由落体的运动规律。因此他设想用斜面来"冲淡"重力，"放慢"运动，而且把速度的测量转化为对路程和时间的测量，并把自由落体运动看成倾角为 90°的斜面运动的特例。

在这一思想的指导下，他做了一个 6 米多长、3 米多宽的光滑直木板槽，再把这个木板槽倾斜固定，让铜球从木槽顶端沿斜面滚下，然后测量铜球每次滚下的时间和距离的关系，并研究它们之间的数学关系。

亚里士多德曾预言，滚动球的速度是均匀不变的，铜球滚动的时间和滚动的路程成正比。但是伽利略证明，铜球滚动的路程和时间的平方成正比，如图 2-36 所示。他把实验过程和结果详细记载在 1638 年发表的著名的科学著作《关于两门新科学的对话》中。

伽利略在实验的基础上，经过数学的计算和推理，得出假设；然后又用实验加以检验，由此得出了正确的自由落体运动规律。这种研究方法后来成了近代自然科学研究的基本程序和方法。

伽利略的斜面实验是把真实实验和理想实验相结合的典范。伽利略在斜面实验中发现，只要把摩擦力减小到可以忽略的程度，小球从一个斜面滚下之后，可以滚上另一个斜面，而滚到另一个斜面上的高度与斜面的倾角无关。也就是说，无论第二个斜面伸展多远，小球总能达到和出发点相同的高度。如果第二个斜面水平放置，而且无限延长，则小球会一直滚动下去。这实际上就是我们现在所说的惯性运动。因此，力不再是亚里士多德所说的维持运动的原因，而是改变运动状态(加速或减速)的原因。

伽利略的装置：斜面

时间(s)	距离(m)
0	0
1	1
2	4
3	9
4	16
5	25
6	36

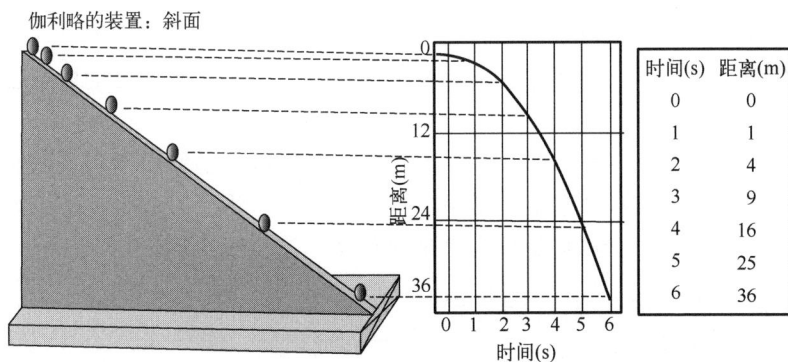

图 2-36　伽利略的斜坡实验

把真实实验和理想实验相结合，把经验和理性(包括数学论证)相结合的方法，是伽利略对近代科学的重大贡献。实验不是、也不可能是自然现象的完全再现，而是在人类理性思维指导下的对自然现象的一种简化和纯化，因而实验必须有理性思维的参与和指导。

伽利略既重视实验，又重视理性思维，强调科学就是用理性思维把自然过程加以纯化、简化，从而找出其中的数学关系。因此，伽利略开创了近代自然科学中经验和理性相结合的传统。这一结合不仅对物理学，而且对整个近代自然科学都产生了深远的影响。

正如爱因斯坦所说："人的思维创造出一直在改变的宇宙图景，伽利略对科学的贡献就在于毁灭直觉的观点而用新的观点来代替它。这就是伽利略的发现的重要意义。"

2.10　匀速直线运动

匀速直线运动是最简单的运动方式，但是在现实生活中或实验中，如何实现匀速直线运动呢？在 20 世纪 80 年代出版的，由陈熙谋教授主编的教材中，就提到了钢滚子在光滑的玻璃轨道上做匀速直线运动。

2.10.1　钢滚子在光滑的玻璃轨道上做匀速直线运动

如图 2-37 所示，将直径 2.5 厘米、长 2.3 米的玻璃管放在支架的隙槽内，玻璃管下面有支架，用以防止玻璃管的中部下坠。钢滚子用厚钢板车削而成。滚盘直径 5 厘米、厚 1.5 厘米，

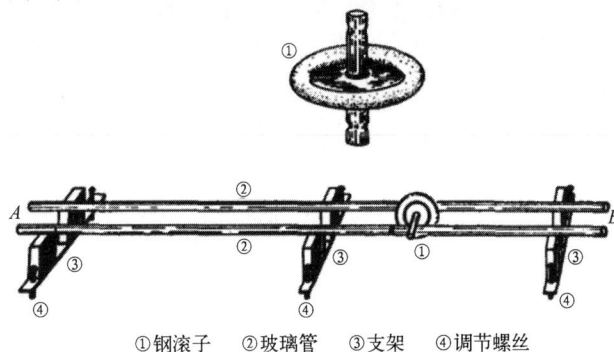

①钢滚子　②玻璃管　③支架　④调节螺丝

图 2-37　钢滚子在光滑的玻璃轨道上做匀速直线运动

轴长 7 厘米、直径 1 厘米，轴上的凹槽恰好可置于玻璃管上。利用钢滚子在玻璃轨道上的滚动可演示匀速直线运动，因为滚动时所受的摩擦力小，钢滚子的转动惯量较大，演示效果较好。

调节支架脚下的调节螺丝，使 A 端略高于 B 端，用以抵消钢滚子与玻璃轨道之间的摩擦力。将钢滚子的转轴架在两玻璃轨道上，并停在 A 端。用手轻轻推钢滚子，使钢滚子得到一个初速度，钢滚子就会以此速度沿玻璃轨道做匀速直线运动。

2.10.2 液体中落球的匀速直线运动

小球在液体中运动时，将受到与运动方向相反的黏滞力，这是由黏附在小球表面上的液层与邻近液层的摩擦而产生的。在理想情况下，根据斯托克斯定律，小球受到的黏滞力为

$$f = 6\pi\eta r v$$

式中，η 为流体动力黏度（单位：帕秒），r 为小球半径（单位：米），v 为小球与液体的相对速度（单位：米/秒）。

在装有液体的圆筒形玻璃管中心轴线处让小球自由下落。小球落入液体后，受到三个力的作用——重力 G、浮力 F、黏滞力 f，如图 2-38 所示。在小球刚落入液体时，垂直向下的重力大于垂直向上的浮力与黏滞力之和，于是小球做加速运动。随着小球运动速度的增加，黏滞力也增加，当速度增加到某一值时，小球所受到的合力为零，此后小球就以该速度匀速下落。

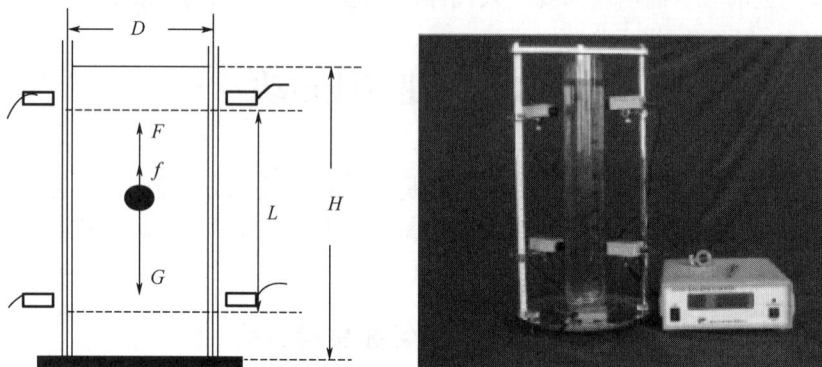

图 2-38　装有液体的圆筒形玻璃管中心轴线处让小球自由下落

需要注意的是，用落球法测黏度系数时，需要测量的是匀速下落的速度，在一般实验中，都直接测量其下落速度。这是因为小球的加速过程会十分短暂，只有 0.2 秒左右。所以只要给小球一点加速空间，就可以达到匀速下落。

在实际操作中，小球会出现滚动，这对实验结果会产生怎样的影响呢？请读者思考并探究。

2.11　釜底抽薪

将一张纸放在倒置的瓶子下面，不碰瓶子，如何可以将纸取出呢？答案是，利用瓶子的惯性，快速将纸抽出即可，抽出速度越快，实验的成功率越高。果断且快速地获取较快

的抽出速度，是本实验成功的关键。

与本实验有关的另外两个有趣的问题是，瓶子中水量对瓶子稳定性的影响，以及纸抽出的速度对瓶子运动状态的影响。

众所周知，瓶子中没有水时质量很轻，惯性很小，所以其稳定性较差，但是瓶子中的水位太高时，瓶子的重心又会上升，其稳定性也会变差，因此可以猜想，瓶子中的水量应该有一个最佳值，以保证瓶子具有最高的稳定性。

同时，用不同的速度抽出纸时，瓶子会出现不动、平动、倒下三种运动状态，讨论这一物理过程也是十分有趣的。

请读者就这两个问题展开深入探究。

2.12　气球的惯性实验

如图 2-39 所示，将一个装有氮气的气球固定在小车上，当我们快速推动小车时，气球会怎么运动呢？

这是一个非常容易出现错误判断的经典实验，根据惯性的概念，气球会保持原来的运动状态。但实际上，气球并没有保持原来的运动状态，而会沿着运动方向倾斜。

本实验混淆了研究的对象，我们只关注了气球，却忽略了周围存在着的空气，而周围空气的质量更大，惯性更大，因此在发生运动时，周围的空气将气球推向了运动方向。类似地，当液体当中有一个气泡时，其运动规律也应如此，读者不妨一试。

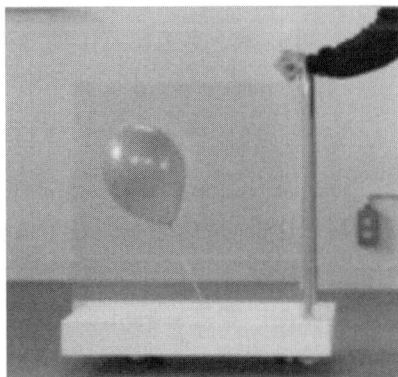
图 2-39　气球的惯性实验

2.13　锥体上滚与瑞林球

锥体上滚实验是大学物理演示实验室中的必备实验。实验时，将双锥体放在一个略倾斜的 V 型轨道上，如果将双锥体放在轨道较低的一端，它会自己滚到较高的一端。

由图 2-40（a）所示的正视图可见，虽然看起来双锥体从较低的 B 端运动到较高的 A 端，但实际上，其质心却是下降的。由图 2-40（b）所示的俯视图可以看到，轨道较高的一段正是 V 型轨道的开口端，因此双锥体必然在重力作用下向"高处"运动。

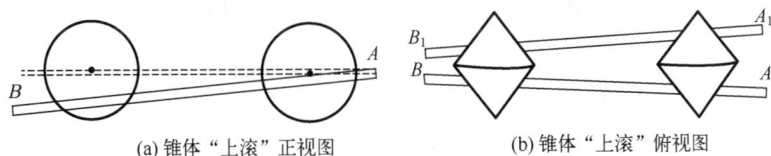
(a) 锥体"上滚"正视图　　(b) 锥体"上滚"俯视图

图 2-40　锥体上滚实验

35

双锥体能实现上滚与实验装置的几个夹角有关。如图 2-41 所示，设双锥体顶角为 α，两导轨夹角为 β，导轨平面与水平面间的夹角为 γ，双锥体在轨道上从轨道的位置 AB 滚到位置 CD 时，沿轨道滚动的距离为 l，AB 与轨道的接触点和 CD 与轨道的接触点之间的高度差为 $h = l\tan\dfrac{\beta}{2}\tan\dfrac{\alpha}{2}$，两个位置对应轨道的高度差为 $H = l\sin\gamma$，只要满足 $H < h$，即 $\sin\gamma < \tan\dfrac{\beta}{2}\tan\dfrac{\alpha}{2}$，锥体就能从轨道的闭口端向开口端滚动。

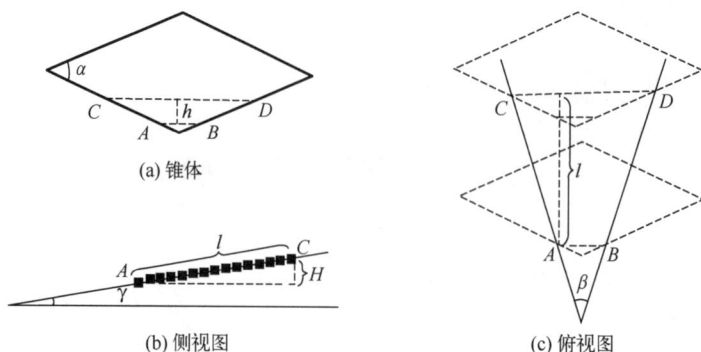

(a) 锥体

(b) 侧视图

(c) 俯视图

图 2-41　锥体上滚实验的实验装置

瑞林球(Rolling Ball)实验和锥体上滚具有相同的原理，但是瑞林球更像一个科学小玩具，可以让我们参与其中，亲手体验实验的过程，其乐无穷。

瑞林球实际上是一个小钢球，在瑞林球实验中，两导轨杆中较高的一端可以左右移动一定的距离，即导轨夹角可调。将球放在起点(轨道的低点)，缓慢扩大导轨夹角，球就会向"高处"滚动。当球滚到直径小于导轨之间的距离，将要漏下来时，我们迅速夹紧球(减小导轨夹角)，球受到导轨的支持力而开始加速，重心上升，速度减小。等速度减小到接近 0 时，我们再迅速扩大轨道夹角。如此反复，使小球加速、减速不断向上滚动。小球最终增加的机械能来自调整导轨夹角的过程中我们的手做的功。

2.14　活力板与轮滑

如图 2-42 所示的活力板是现在很多小朋友都会玩的一种滑板。根据动量定理，任何系统都不能靠内力改变自身运动状态，那么活力板的动力从何而来呢？

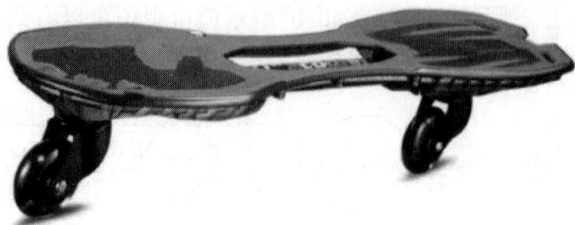

图 2-42　活力板

　　活力板由前后两片踏板通过中央的水平铰链连接，这片铰链允许前后踏板像跷跷板一样上下翻动。在踏板底部装有轮架装置，轮架并非垂直安装，而是倾斜着连接在踏板上的，就像自行车前轮可以转向那样能绕倾斜轴灵活摆动。特别设计的几何结构使得轮架的转轴延长线与地面接触点之间存在偏移量，这是实现转向的关键。

　　当活力板直线滑行时，轮子所在的平面会与活力板长度方向保持垂直。但当玩活力板的人身体左右扭动，使前脚或后脚施力时，踏板会发生倾斜。此时轮缘会受到来自地面的侧向反作用力，这个作用力的作用线偏离轮架转轴，就像用扳手拧螺丝时施力点与转轴错位会产生转动效果一样，这种错位会形成扭矩，驱动轮架绕倾斜轴旋转。

　　轮架的转动改变了轮子接触面的朝向：当右侧轮架前倾时，左侧轮架会自然后仰，这种交替变化使得轮面与前进方向形成夹角。此时轮面与地面的摩擦力方向便不再完全是横向，而产生了推动活力板前进的纵向分量。玩活力板的人通过持续交替蹬压左右踏板，就能将这种周期性偏转转化为连续前进的动力，其原理类似于划船时桨叶入水角度的变化。

　　常见的超市手推车的脚轮转轴总是位于脚轮前面的，自行车前叉转轴的延长线指向轮胎与地面接触点的前方，这是保证自行车稳定性的关键，称为自行车的"脚轮效应"。活力板轮架特殊设计的原理也是如此，板面倾斜时，板面带动轮子转轴倾斜，地面的支持力对轮子转轴产生力矩使轮子偏转，摩擦力就产生向前的分量，推动活力板前进。

　　要使活力板维持前进状态，玩活力板的人需要交替地改变扭动方向，使活力板朝着不同方向弯曲，形成蛇形游动的独特运动方式。

2.15　柱状刚体平面平行运动演示实验

　　随着工业化生产模式的迭代升级，传统家用缝纫机已逐渐淡出公众视野。然而在 20 世纪中后期，这类机械装置实为中国家庭必备的生活生产工具。该装置采用典型的线轴式供线系统，其核心构件为由双圆形端板夹持的细轴组件，如图 2-43 所示。这一同轴旋转结构确保了缝纫线体的均匀释放。值得注意的是，彼时流行的手拉式玩具车也广泛采用类似的传动设计，缝纫机的工作原理引发思考：当用力拉缠绕的丝线时，轮子会怎么运动呢？

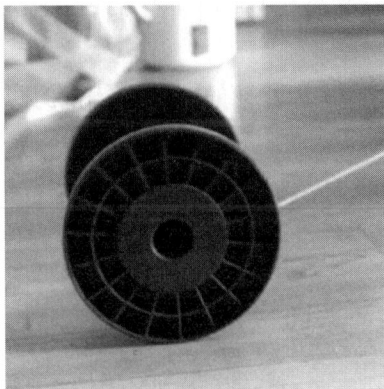

图 2-43　由双圆形端板夹持的细轴组件

假设有一个质量为 m 的细轴组件，其剖面如图 2-44(a) 所示，设其内轴半径为 r，外轴半径为 R。将柔软丝线绕于内轴上，放在非光滑平面上，用柔软丝线拉它。线轴受重力、摩擦力、拉力和桌面支持力四个力的作用，由运动学规律联系起来，可以确定线轴将有四种运动状态。下面分析它的受力，如图 2-44(b) 所示(竖直方向受力平衡，重力和桌面支持力未画出)，可列出下面三个方程(水平方向)：

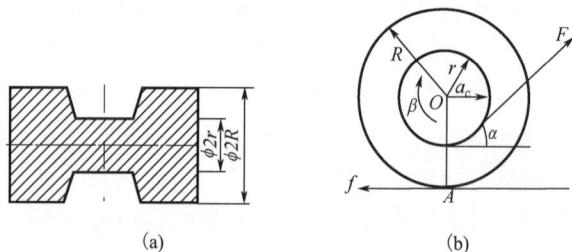

图 2-44　细轴组件剖面及受力分析

由质心定理，可得

$$F\cos\alpha - f = ma_c$$

由质心角动量定理，可得

$$fR - Fr = I\beta$$

由运动学关系，可得

$$R\beta = a_c$$

解以上三式组成的方程组可得

$$\beta = \frac{F(R\cos\alpha - r)}{mR^2 + I}$$

$$f = \frac{mRr + I\cos\alpha}{mR^2 + I}F$$

式中，I 表示细男同志的转动惯量。分析此结果可知，细轴组件有三个不同的运动状态。

(1) $R\cos\alpha = r$ 时，施加拉力的丝线延长线过细轴接触地面的点 A，此时 $\beta=0$，从而 $a_c=0$，$f=F\cos\alpha$，细轴将处于受力平衡状态，初始静止状态不变。

(2) 当 $R\cos\alpha > r$ 时，丝线延长线与水平面的交点在 A 点的左边，$a_c \geq 0$，$\beta \geq 0$，细轴将向右运动。

(3) $R\cos\alpha < r$ 时，丝线延长线与水平面的交点在 A 点的右边，$a_c < 0$，$\beta < 0$，细轴将向左运动。

若把细轴翻转一下，使柔软丝线从内轴的上方拉动，则其只有向右运动这一种运动状态。其中的道理请读者自己分析。

2.16　简　谐　运　动

本节将系统阐述简谐运动在不同物理系统中的典型表现形式，如单摆、气垫摆、扭摆、复摆、麦克斯韦滚摆、傅科摆、耦合摆、混沌摆等。

2.16.1 单摆

1583 年，17 岁的大学生伽利略看着教堂中的吊灯随风摆动，便用脉搏测量摆动的频率。他发现吊灯摆动的幅度越大，速度越快，幅度越小，速度越慢，但吊灯一来一回的摆动时间固定不变。他继续仔细研究，发现了摆的原理：摆的运动周期与摆线的长度（摆长）的平方根成正比。伽利略还发现摆的运动周期与摆的重量无关。

伽利略很想应用摆的等时性来指示时间，但没有如愿。1656 年，荷兰科学家惠更斯完成了伽利略的遗愿，应用摆的等时性造出了一座带摆的时钟。

单摆示意图如图 2-45 所示。由牛顿力学，对单摆的运动可进行如下描述。

重力对单摆的力矩为

$$M = -mgl\sin\theta$$

其中 m 为质量，g 是重力加速度，l 是摆长，θ 是单摆与竖直方向的夹角，注意，θ 本身应该是矢量，这里取它在正方向上的投影。

由角动量定理可知

$$M = I\beta$$

其中 $I = m \cdot l^2$ 是单摆的转动惯量，$\beta = \dfrac{\mathrm{d}^2\theta}{\mathrm{d}t^2}$ 是角加速度。

化简得到

$$\frac{\mathrm{d}^2\theta}{\mathrm{d}t^2} + \frac{g}{l}\sin\theta = 0 \tag{1}$$

严格地说，(1)式描述的单摆运动并不是简谐运动。不过，在 θ 比较小时，近似地有 $\sin\theta \approx \theta$。此时(1)式变为

$$\frac{\mathrm{d}^2\theta}{\mathrm{d}t^2} + \frac{g}{l}\theta = 0$$

这是一个二阶常系数线性齐次微分方程，其通解为

$$\theta = A\cos(\omega t + \varphi)$$

式中，A、φ 为任意常数，由初值条件给定，而 $\omega^2 = \dfrac{g}{l}$。

于是单摆的非线性运动被线性地近似为简谐运动：

$$\theta = A\cos\left(\sqrt{\frac{g}{l}}t + \varphi\right)$$

$$T = \frac{2\pi}{\omega} = 2\pi\sqrt{\frac{g}{l}}$$

在单摆实验中，我们会要求摆角不超过 5°。这是为什么？进一步计算，5°≈0.087266 rad，

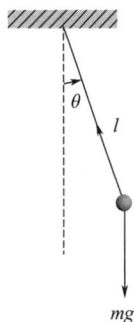

图 2-45　单摆示意图

sin5°≈0.087155，二者是十分接近的。在低精度的实验中，这种系统误差可以忽略不计。但如果将摆角换成 25°，25° 与 sin25° 之间的误差高达百分之三，那么单摆的运动就不宜被看成简谐运动了。

在实际操作中，单摆的摆动往往不是在平面内的往返运动。当小球的初始速度方向不指向平衡位置时，小球会绕着悬点向下的竖直线近似做圆周运动。摆线所掠过的面近似做圆锥面，这就形成了圆锥摆，如图 2-46 所示。

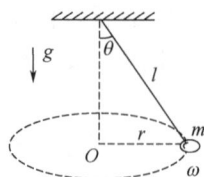

图 2-46　圆锥摆示意图

图 2-46 中，小球做圆周运动的圆心是 O，做圆周运动的半径是 $l\sin\theta$，小球所需的向心力实际上是摆线拉力 F 与重力 G 的合力，并有 $F = \dfrac{mg}{\cos\theta} = \dfrac{m\omega^2}{\sin\theta}$，由此式可得

$$\tan\theta = \frac{\omega^2 r}{g}$$

这说明做圆周运动的小球的摆线与竖直方向的夹角 θ 与小球质量 m 无关，与摆长 l 及角速度 ω 有关。当摆长一定时，角速度越大，θ 越大。由于摆线的拉力 $F = m\sqrt{g^2 + \omega^4 r^2}$，因此摆线的拉力随角速度的增加而增大。圆锥摆的周期公式为

$$T = 2\pi\sqrt{\frac{l\cos\theta}{g}}$$

可见，在地球表面的同一地点上，圆锥摆的周期与 $\sqrt{l\cos\theta}$ 成正比，而与小球质量无关。若摆长为定长，则 ω 越大，θ 越大，周期 T 越大。

2019 年 4 月 1 日，有网友伪造中国科学技术大学通知，声称教学楼地下有大量"振金矿"，影响了单摆测重力加速度实验，一时引起大家的兴趣，单摆实验真的可以用来探测矿藏吗？很多网友给出了认真测算，作为经典的物理实验，我们来进行简单的分析。以某次物理竞赛的题目所提供的数据为例，假设在地表下 1.2km 处，有一半径为 1km 的矿床，矿石密度为地球平均密度的 3 倍，将地球视作半径为 6400km 的球体，可以计算出矿床上方单摆的摆动周期相对变化率为 10^{-4}。考虑到单摆实验中，摆角、摆线质量、摆长测量等误差以及计时误差等因素，要达到这样的精度是不现实的。

实际上，利用地壳的各种岩矿体的密度差异引起的重力变化而进行重力勘探确实是地球物理的勘探方法之一。但这需要更精密、更专业的装置和更复杂的操作，如石英弹簧重力计等。

2.16.2　气垫摆、扭摆

气垫摆结构如图 2-47 所示。打开气泵，气室的小孔射出气流托起摆轮，使其悬浮，摆轮和平卷簧连接，组成一个近似机械能守恒的系统。系统的机械能可以写成

$$E = \frac{1}{2}J\omega^2 + \frac{1}{2}D\varphi^2 = 常量$$

其中，φ、ω 分别为摆轮的角位移和角速度，D 为平卷簧的刚度，J 是摆轮绕转轴的转动惯量。

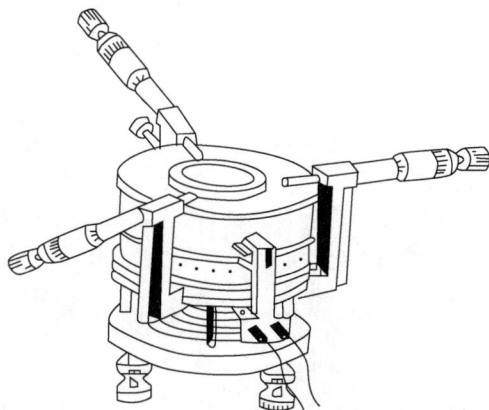

图 2-47　气垫摆结构图

对时间求导，得

$$\frac{\mathrm{d}^2\varphi}{\mathrm{d}t^2} + \omega_0^2\varphi = 0$$

其中，$\omega_0 = \sqrt{\dfrac{D}{J}}$ 为摆动的圆频率，其解为

$$\varphi = \varphi_m \sin(\omega_0 t + \phi)$$

式中，φ_m 为最大角位移，ϕ 是振动初相位角。则摆动周期为

$$T = \frac{2\pi}{\omega_0} = 2\pi\sqrt{\frac{J}{D}}$$

测转动惯量时，有一个现实的问题就是气泵产生的噪声较大，会干扰测量。所以也可以采用扭摆来测量（其结构图见图 2-48）。当装在转轴上的待测物体转过一定角度 θ 后，在弹簧的恢复力矩 M 的作用下，物体就开始绕转轴做往返扭转运动。根据胡克定律，弹簧扭转而产生的恢复力矩 M 与所转动的角度 θ 成正比，即

$$M = -k\theta$$

其中，k 为弹簧的扭转常数。

根据转动定律

$$M = J\beta$$

式中，J 为转动惯量，β 为角加速度，令

$$\omega^2 = \frac{k}{J}$$

则有

$$\beta = \frac{\mathrm{d}^2\theta}{\mathrm{d}t^2} = -\frac{k}{J}\theta = -\omega^2\theta$$

表明扭摆运动具有角简谐运动的特征，方程的解为

$$\theta = A\cos(\omega_0 t + \phi)$$

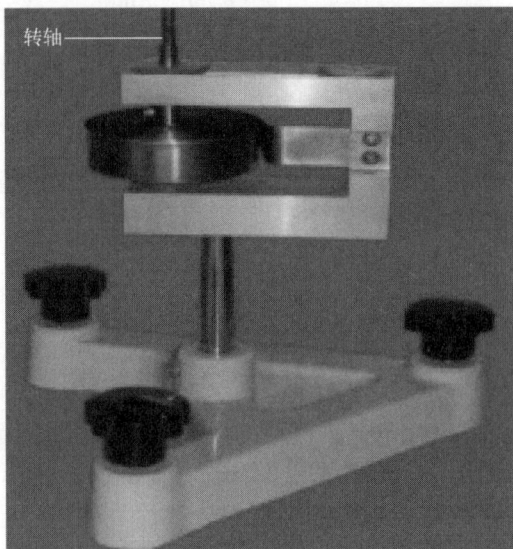

图 2-48　扭摆结构图

式中，A 为简谐运动的角振幅；ϕ 为初相位角；ω 为圆频率。此简谐运动振动的周期为

$$T = \frac{2\pi}{\omega_0} = 2\pi\sqrt{\frac{J}{K}}$$

2.16.3　复摆

更接近真实情况的摆，必须考虑摆轴的质量。将摆锤和摆轴都视为钢体的摆称为复摆或物理摆，如图 2-49 所示。

复摆可以绕 O 点做平面摆动。设摆相对 O 点的转动惯量为 J，摆的质量为 m，重心 O_c 与 O 点的距离为 l，O_c 与 O 点的连线构成摆轴，摆轴偏离铅垂线的角度为 φ，利用刚体对 O 点的动量矩定理，在小偏角情况下，可列出

$$J\ddot{\varphi} + mgl\varphi = 0 \qquad (4.8)$$

则复摆的自由振动周期为

$$T = 2\pi\sqrt{\frac{J}{mgl}}$$

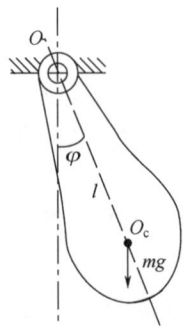

图 2-49　复摆结构图

可见，复摆和单摆有完全相同的数学模型，但是复摆的自由振动角频率取决于质量和转动惯量，与复摆的质量分布有关。海洋中的船舶总是不停摇晃，就相当于一个大复摆。

2.16.4　舒勒周期和陀螺摆

当单摆的支点向前移动产生加速度 $\ddot{x}$ 时，单摆就会受到惯性力的干扰向后偏离铅垂线。偏转的角度和单摆的摆长有关。摆长 l 越长，偏转的角度越小。考虑到地球表面是一个球面，当沿球面上的大圆弧向前移动时，指向地心的地垂线也会发生偏转。

　　于是，产生了一个有趣的推论：如果增加单摆的摆长，使单摆的偏转角度与地垂线的偏转角度完全一致，单摆就能永远指向地心，而不受支点运动的干扰了。这时单摆的摆长该是多少呢？

　　这个问题的实际意义在于：船舶、飞机常需要稳定的平台作为导航系统、火炮系统或各种测量系统的基准。单摆是模拟地垂线最简单的工具，但存在易受干扰的致命弱点，在实际应用中，不可能采用单摆。但在理论上，探讨如何使单摆免受载体加速度的干扰，对于稳定平台的设计很有意义。

　　德国哥廷根大学讲授动力学的教授舒勒 (Schuler) 于 1923 年在《物理学报》上发表了一篇论文。他从理论上证明了，如果将单摆的摆长增加到与地球半径 R 相等，则无论载体的加速度有多大，单摆始终与地垂线方向保持一致。

　　设摆长等于地球半径 $R = 6371$ km，地球表面重力加速度 $g= 9.81 \text{m/s}^2$，则

$$T = 2\pi\sqrt{\frac{R}{g}} = 84.4\,\text{min}$$

　　这个能避免加速度干扰的 84.4min 的特殊周期，就是著名的舒勒周期。显然，单摆和复摆都无法实现舒勒周期。

　　在复摆的摆锤上安装一个绕垂直轴高速旋转的飞轮，此时系统即转变为陀螺摆。如图 2-50(a)所示，该装置通过万向支架支撑，其转子和壳体的质心沿 z 轴方向偏离支架的支撑中心。在重力矩作用下，陀螺摆会产生进动效应，使旋转轴(z 轴)始终指向空间垂直方向(Z 轴)。与常规复摆相比，陀螺摆的振动周期显著增大，且转速越高，周期延长效应越明显，最大可达原周期的数千倍。这种特性使陀螺摆能够实现舒勒周期(约 84.4min)，从而形成长期稳定的地垂线基准，有效隔离外界干扰。

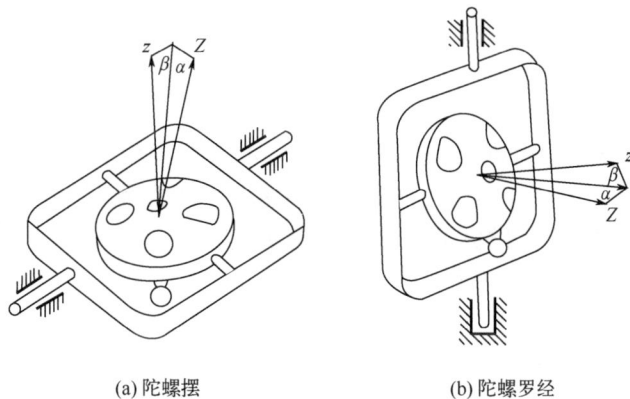

(a) 陀螺摆　　　　(b) 陀螺罗经

图 2-50　陀螺摆与陀螺罗经

　　如果将陀螺转子的旋转轴(z 轴)改成水平轴，转子和壳体的重心仍沿垂直轴下移，支架绕垂直轴能自由转动。于是在重力矩和地球自转引起的惯性力矩作用下，旋转轴可以自动指向地球自转轴的方向，与子午面内的 Z 轴一致。这种陀螺仪称为陀螺罗经，如图 2-50(b)所示，是船舶导航必备的指北仪器。陀螺罗经的周期通常也设计成舒勒周期。因为理论和实践都证明，采用舒勒周期的陀螺罗经可以减少由船舶加速度引起的指示误差。

2.16.5 麦克斯韦滚摆

麦克斯韦滚摆演示了重力势能与转动动能的相互转化，如图 2-51 所示。其工作原理为：预先将悬线均匀缠绕在转轴上，当摆轮被提升至预定高度 h 后释放，摆轮在重力作用下开始边转动边下降。下降过程中，悬线逐渐缠绕到转轴上，系统重力势能持续转化为转动动能，至最低点时摆轮达到最大转速，具有最大动能。随后悬线开始反向解开，摆轮在转动惯性作用下反向旋转并带动装置上升，动能又逐渐转化为重力势能。如此周期性重复，形成摆轮升降与旋转的交替运动。

图 2-51　麦克斯韦滚摆

麦克斯韦滚摆的运动可视为质心的平动与绕质心的定轴转动的叠加，其动力学过程可用质心运动定理 $F=ma_c$ 和定轴转动定理 $M=J\alpha$ 来解释。设滚摆的质量为 m，转动惯量为 J，悬线的半径为 r，悬线的拉力为 F_t，有：

$$mg - F_t = ma_c$$

$$F_t r = J\alpha$$

$$a_c = r\alpha$$

可得

$$a_c = \frac{mg}{m + \dfrac{J}{r^2}}$$

周期

$$T = 2\sqrt{\frac{2h}{mg}\left(m + \frac{J}{r^2}\right)}$$

表明麦克斯韦滚摆的平动为匀变速直线运动，周期与摆轮质量、转动惯量、悬线半径以及摆轮高度 h 有关。麦克斯韦滚摆与常见的悠悠球原理相同，读者不妨玩一玩悠悠球，体会用手提拉绳子的力度、时机，探究能量补充机制。

2.16.6 蛇形摆

蛇形摆由一组摆长呈梯度变化的单摆阵列构成。通过精确调整各单摆的摆长，可使相邻单摆的固有振动频率形成特定比例关系。当所有单摆被同步释放后，由摆长差异导致的相位差，使系统呈现出周期性的集体运动模式：初始时刻各小球保持整齐（见图 2-52（a））；随后相位差逐渐累积，小球轨迹开始呈现波浪形蛇状（见图 2-52（b））；当相位差达到 $\pi/2$ 时，系统进入混沌态，表观运动呈现无序状态（见图 2-52（c）和图 2-52（d））；最终相位差达到 2π，小球重新排列为两列反向同步振动的有序阵列（见图 2-52（e））。这种由有序到无序再到新的有序状态的周期性演变，正是蛇形摆展示非线性耦合振动特征的直观体现。

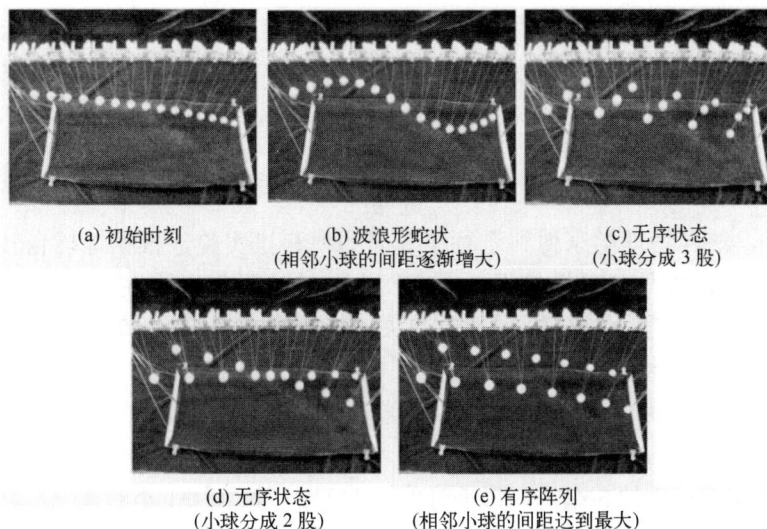

(a) 初始时刻　(b) 波浪形蛇状（相邻小球的间距逐渐增大）　(c) 无序状态（小球分成 3 股）

(d) 无序状态（小球分成 2 股）　(e) 有序阵列（相邻小球的间距达到最大）

图 2-52　蛇形摆周期性的集体运动模式

假设蛇形摆中有 $n+1$ 个小球，所有小球回到初始波形的时间为一个周期 T，此时摆长最长的单摆恰好摆动 N 次，摆长次长的单摆恰好摆动 $N+1$ 次，以此类推，摆长最短的单摆摆动 $N+n$ 次，单摆的摆动周期则为

$$T_n = \frac{T}{N+n}$$

将每两个单摆的间距设为 d，因此蛇形摆所有单摆排列后的总长度为 $x=nd$，由单摆周期公式可得摆长满足下式：

$$L(x) = g\left[\frac{Td}{2\pi(Nd+x)}\right]^2$$

可见，若小球在同一水平面上，起始悬挂点应该满足上式，我们平时见到的很多蛇形摆的结构并不严谨。

蛇形摆系统中各单摆的运动遵循三角函数规律，其角频率由摆长与重力加速度共同决定，呈现从驱动端到自由端的梯度分布特征。这种频率梯度使得相邻单摆间产生周期性相位差，在集体振动时形成特有的蛇形波动图案。其中角频率

$$\omega(t) = 2\pi\frac{Nd+x}{Td}$$

蛇形摆的运动方程可以写为（设初相位为 0）

$$y(x,t) = A\cos(\omega t) = A\cos\left(2\pi\frac{Nd+x}{Td}t\right)$$

考虑实验效果和操作难度，在进行蛇形摆的实验时，建议将单摆间的频率差设置为 0.03～0.04Hz。

蛇形摆的形式一般较为单一，但是北京工业大学卢海涛等采用一系列周期不同的弹簧

组成了蛇形摆，通过控制每个弹簧所挂重物质量与劲度系数之比，来调整振动周期。相对单摆，其简谐运动更加理想。而在中国科学技术馆中，蛇形摆中的小球是竖直排列的，呈现出了不一样的视觉效果，也避免了线的缠绕。

2.16.7　傅科摆

1851 年，法国物理学家傅科进行了著名的傅科摆实验。根据地球自转的理论，傅科提出除地球赤道以外，单摆的振动面会发生旋转的现象。他将直径 30 厘米、重 28 千克的摆锤悬挂在巴黎万神庙圆屋顶的中央，该摆锤的摆长为 67 米，并在下面放有直径 6 米的沙盘和启动栓。

设地球自转角速度 ω 为每小时 15º，巴黎的纬度 φ 为北纬 48.52º，地球绕巴黎地垂线旋转的角速度应为 $\omega\sin\varphi$，即每小时 11.24º。摆锤振动一次的时间约为 16.5 秒，摆尖在沙盘边缘画出的路线移动约 3 毫米，每小时偏转 11°20'（即经过 31 小时 47 分会回到原处）。

对于站在地球上的观测者来说，似乎是地球的转动使得摆动中的摆锤受到了横向力的推动，且力的方向随摆动方向的变化而变化，这个力就是科里奥利力，是考虑地球自转的一个惯性力。

如图 2-53（a）所示，地球自西向东旋转，其角速度 ω 的方向沿地轴指向北极。设处于北半球的某点的速度为 v，该物体所受的科里奥利力 $f_c = 2mv \times \omega$。科里奥利力 f_c 的方向垂直于 ω 和 v 组成的平面，在地球的北半球，f_c 垂直于 v 向右，使 v 发生向右偏转，所以在北半球的傅科摆的摆动平面会发生如图 2-53（b）所示的顺时针旋转，其转动方向与地球自转方向相反；南半球的情况则相反。傅科摆直接证明了地球自西向东的自转。

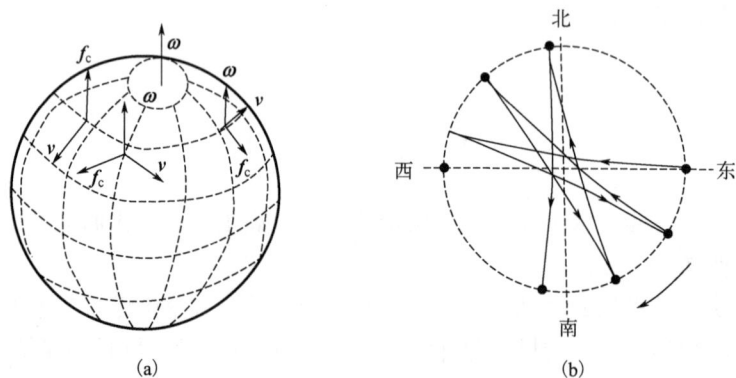

图 2-53　科里奥利力与傅科摆的摆动

由图 2-53 可以分析出，在南北两极上，科里奥利力的方向正好与物体沿地球切向的速度方向垂直；而在赤道上，科里奥利力的方向指向正上方，所以在水平方向的分力为零；在其他纬度处，科里奥利力在水平面上的分力随纬度的增加而增加。所以，以同样速度运动的物体在不同的纬度处受到的科里奥利力不同。在南北两极上，傅科摆的摆动平面每 24 小时转一圈；而在赤道上，傅科摆没有旋转现象；在两极与赤道之间的区域，傅科摆摆动平面的旋转速度介于两者之间。傅科摆在地球不同地点上的旋转速度不同，因此，傅科摆还可以用于确定摆所处的纬度。

大气环流、大洋环流这种大尺度的运动都能显示出科里奥利力的效果。北半球河流右岸总比左岸陡些，是因为河水受到偏右的科里奥利力，所以对右岸的冲刷要厉害一些。此外，北半球和南半球的飓风气旋方向不同，也是由科里奥利力造成的。

1852 年，傅科又在巴黎科学院进行了另一次实验。他展示了一台新仪器，一根细线悬挂着装有转子的圆环，转子的轴可以自由改变方向。如果没有力矩作用，旋转轴应该在惯性空间中保持指向不变。当地球逆时针转动时，地球上的观测者可以看到转动轴偏转，这能再次证明地球自转。遗憾的是，由于悬线扭矩和摩擦阻碍了转子运动，实验没有得到预期结果。但是这次实验有着重要意义，这台仪器是第一台具有科学意义的陀螺仪。

2.16.8 耦合摆

在水平轴上悬挂一组摆长各异的单摆阵列，其中包含两个摆长完全相同的单摆。当将其中一个同摆长的单摆拉离平衡位置后释放时，可观察到以下现象：所有单摆均开始振动，但振幅分布呈现明显规律——与启动摆摆长完全一致的单摆振幅最大，其他单摆的振幅随其与启动摆摆长差异的缩小而增大。这种现象本质上是受迫振动中的共振效应：启动摆振动时通过支架的微弱弹性耦合，将周期性驱动力传递给其他单摆。当驱动频率（由启动摆摆长决定）与某单摆固有频率（由其自身摆长决定）接近时，该单摆发生共振。

值得注意的是能量转移机制，随着其他单摆被驱动，启动摆的机械能逐渐转移至共振摆，导致其振幅衰减直至停摆；而被驱动摆获得最大振幅后，又通过反向耦合作用将能量回馈给启动摆。这种周期性的能量交换形成双向驱动，使两单摆产生相位差 π 的同步振动，即形成耦合摆系统。该系统直观展现了非线性振动体系中能量守恒与相位锁定的物理特征。

在两个轻质单摆的摆杆上系上一根细线，在细线中点处系上小重物，这就在两个完全相同的振动系统之间建立了耦合，如图 2-54 所示。驱动一个单摆，令其小幅度振动，由于耦合的存在，振动能量就会逐渐转移到另一个单摆上，这个摆的振幅逐渐达到最大而原来振动的摆刚好停止振动。这种在两个固有频率完全相同的振动系统之间存在着弱耦合的情况下，能量来回传递的过程，称为共振耦合。只有共振耦合才能实现能量在振动系统之间的完全传递。

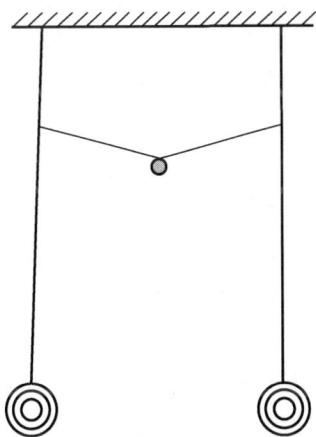

图 2-54　在两个完全相同的振动系统之间建立耦合

2.16.9 混沌摆

混沌摆是一种典型的非线性动力学系统，由中心主摆和环绕其的三个副摆构成，如图 2-55 所示。这种独特的结构设计使得系统对初始条件极为敏感，即便微小的起始差异，也会导致运动轨迹的指数级偏离。作为研究混沌理论的经典模型，它直观展示了确定性系统中蕴含的不可预测性，即所谓的"蝴蝶效应"——初始条件的细微变化会引发后续行为的巨大差异。

图 2-55　混沌摆

　　混沌摆由一个主摆和三个副摆构成，其运动状态由启动时主、副摆的初始位置和启动速度共同决定。实验时，操作者通过调节装置缓慢设定摆锤的初始角度，当系统从特定初始状态释放后，摆锤间通过重力耦合作用产生复杂运动。值得注意的是，即便严格复现相同的初始条件（包括摆锤角度、释放速度及空气阻力等可控因素），经过短暂的时间演化，系统的运动模式仍会迅速失序，展现出截然不同的摆动路径。这种对初始条件敏感依赖的现象，正是混沌系统区别于常规线性系统的核心。这种敏感性是系统的初始状态、内部的相互作用和外部干扰等因素综合作用的结果，对初始条件的极端敏感性和对结果的不可预测性是混沌摆的基本特征。

　　经典的动力学理论认为，任何一个系统只要知道了初始状态，就可以根据动力学规律推算出它随时间变化的一系列状态。拉普拉斯曾将这种思想推广到整个宇宙，认为只要知道了构成宇宙的每个质点在某时刻的位置和速度，由动力学方程就可以精确地知道宇宙过去和将来的一切情况。但是混沌系统表现出了不确定性、不可重复性、不可预测性，诞生于 20 世纪 70 年代的混沌学是人类对自然规律认识的一次飞跃。

　　1960 年，美国麻省理工学院教授洛伦兹研究"长期天气预报"问题时，在计算机上用一组简化模型模拟天气的演变。多次计算表明，初始条件的极微小差异均会导致计算结果的很大不同。他曾这样形容他的研究结果：在巴西，一只蝴蝶翅膀的扇动会在美国得克萨斯州引来一场风暴。

　　进一步研究表明，混沌是非线性动力系统的固有特性，是非线性系统普遍存在的现象。牛顿的确定性理论能够完美处理的系统多为线性系统，但自然界中的系统几乎都是非线性的，而线性系统大多是由非线性系统简化而来的。因此，在现实生活和实际工程技术问题中，混沌无处不在，比如人的脑电、心电信号就是混沌信号。

　　混沌现象的演示装置具有多种设计，其中典型的结构如下：实验装置由带有双弧形凹槽的振动导轨和球形滚体构成。直流电机通过凸轮机构驱动导轨产生周期性竖直振动，这种受迫振动为滚体提供可控的能量输入。当驱动频率较低且振幅较小时，滚体被限制在单个凹槽内做简谐运动；随着驱动参数进入特定阈值范围，导轨与滚体间的非线性耦合作用显著增强。此时系统动力学行为发生质变：滚体获得足够能量跨越凹槽势垒，其运动轨迹在相空间中呈现复杂折叠与拉伸，形成对初始条件敏感依赖的混沌运动。

为直观展现这一转变过程，实验采用双轨对比设计：在完全相同的一对导轨上放置参数一致的滚体。初始阶段两系统保持同步振动，但当驱动参数进入混沌域后，微小的量子涨落（如空气扰动、材料均匀性差异）被非线性机制指数级放大，导致两滚体运动轨迹迅速失序，呈现完全随机的相位关系和振幅差异。这种从有序到无序的突变，正是确定性混沌系统的核心特征。

混沌学是正在发展的学科，其中有许多基本规律尚待进一步的深入研究。希望这个实验能够激起读者的兴趣，以便将来可能深入理解、研究它。

2.16.10　减震摆

超高层建筑物易受风荷载及地震作用产生共振，工程领域常通过安装调谐质量阻尼器(TMD)进行振动控制。以台北 101 大厦为例，这座高达 508 米的摩天大楼在 88～92 层核心筒间，创新性地设置了由 4 根高强度钢索悬吊的巨型钢质球体。该球体的直径达 5.5 米，总质量达 660 吨，与钢索共同构成调谐质量阻尼器(见图 2-56)。其工作原理基于动力学调谐原理：通过精确设计阻尼器固有频率，使其接近建筑主体的一阶固有频率(基频)。当外部激励(如脉动风荷载)频率与建筑基频耦合时，阻尼器即产生反向共振，将主体结构的振动能量转化为自身动能，从而实现减震效果。

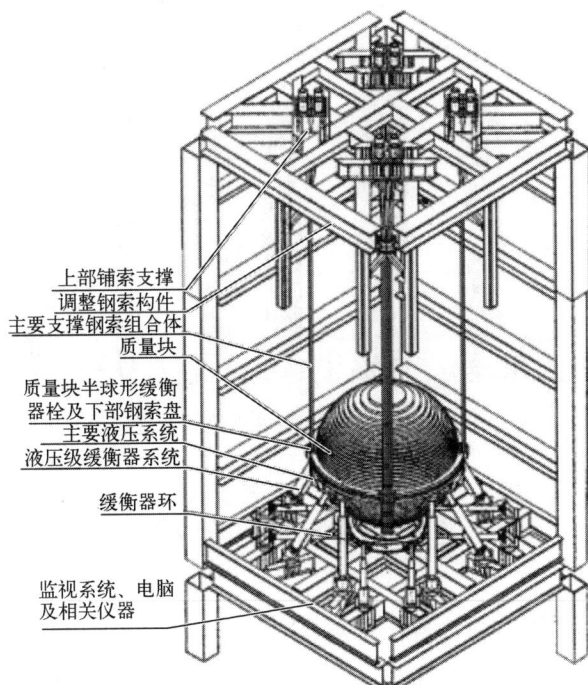

图 2-56　台北 101 大厦调谐质量阻尼器

值得注意的是，2015 年 4 月 20 日，在中国台湾花莲县海域 6.3 级地震中，该阻尼器最大摆幅达±15 厘米，有效耗散了地震输入能量。监测数据显示，在阻尼器作用下，大厦顶层最大加速度响应较无控制状态降低40%，结构位移控制在弹性范围内，充分验证了巨型调谐质量阻尼器在极端荷载下的优异性能。这种将航空领域陀螺仪原理引入建筑抗震的设计，已成为超高层结构振动控制的经典范例。

上海中心大厦总高632米，大厦的125层就藏着有"上海慧眼"之称的大型阻尼器。该阻尼器是中国自主研发的摆式电涡流调谐质量阻尼器，可以抗7级地震和12级台风。阻尼器重达1000吨，由吊索(12根)、质量块、阻尼器和主体保护系统四部分组成。阻尼器的质量块和吊索构成了一个巨大的复摆，通过与主体结构的共振，有效抵御大楼的晃动。2018年，在台风"安比"登陆上海时，阻尼器摆幅达到40～50厘米。

除了台北101大厦和上海中心大厦，还有很多大楼都应用了不同的阻尼器，图2-57总结了部分大楼中涉及的阻尼器位置和类型。

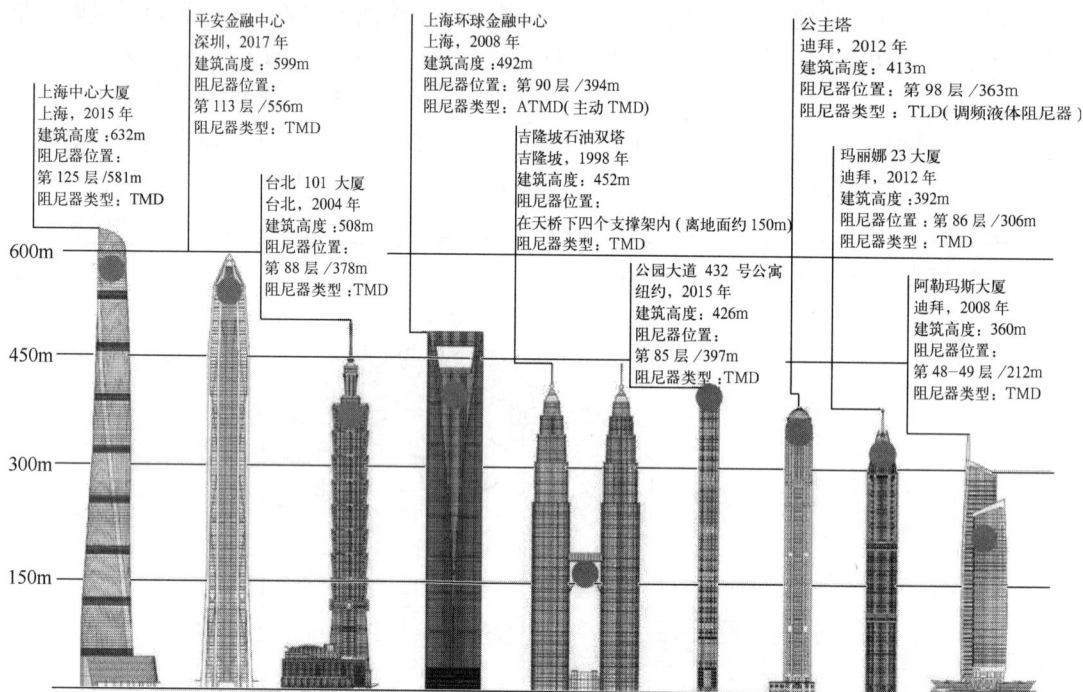

图2-57　部分大楼中涉及的阻尼器位置和类型

2.17　最速降线

最速降线(Brachistochrone)问题作为变分法发展史上的里程碑，其起源可追溯至1696年约翰·伯努利向数学界发起的挑战。他在致兄长雅各布·伯努利的公开信中，将问题严格表述为：在铅垂平面内给定不在同一竖直线上的A、B两点，求所有连接两点的平面曲线中，使初速度为零的质点在重力作用下从A点滑至B点所需时间最短的那条曲线。

该问题的实验验证可通过斜面轨道直观展现：在相同起点高度和终点高度的条件下，设置直线轨道与特定曲线轨道各一条。当两个完全相同的球体同时释放时，沿曲线轨道运

动的球体反而更早抵达终点。这种现象表明，特定几何形状的曲线能使质点在运动过程中
更早达到速度峰值，从而缩短整体行程时间。

这一现象的数理本质可追溯至伽利略的早期探索。1630 年，伽利略猜想最速降线应为
圆弧形，但后续研究表明该假设仅适用于小角度近似。直至约翰·伯努利运用微积分方法
证明，最速降线的解析解实际上是摆线，也叫旋轮线(如图 2-58 所示)，即圆在直线上无滑
动滚动时，圆周上任一点的运动轨迹。该结论后经牛顿、莱布尼茨、洛必达及雅各布·伯
努利等数学巨擘的独立验证，成为变分法发展初期的经典范例。

摆线作为最速降线的几何特性在于：其任意一点到定直线的垂直距离与该点到圆心的
水平距离之比恒为常数(摆线比率)。这种比例关系确保了重力势能与动能在运动过程中的
最优转换，使得摆线成为两点间重力作用下时间最短的路径。该问题的研究不仅推动了变
分法的诞生，而且揭示了自然规律中蕴含的数学之美。

因为钟表摆锤每做一次完全摆动所用的时间相等，所以摆线又称等时曲线。摆线的一
个重要性质如下：任意一点上切线和铅垂线所成的角度的正弦值与该点落下的高度的平方
根的比是常数。

综上所述，最速降线就是摆线，只不过在最速降线问题中，这条摆线是上、下颠倒的。

如图 2-59 所示，设 O、A 是高度不同，且不在同一铅垂线上的两个定点，如果不计摩
擦力和空气阻力，一个质点 m 在重力作用下从 O 点沿一曲线降落至 $A(p,q)$ 点，求曲线呈
何种形状时，质点降落的时间最短。

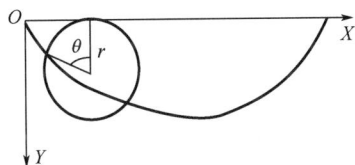

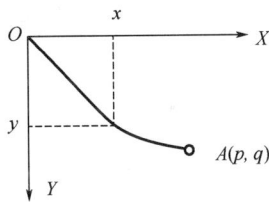

图 2-58　摆线　　　图 2-59　求曲线呈何种形状时，质点降落的时间最短

设曲线为 $y=y(x)$，质点由 O 点开始运动，它的速度 v 与它的纵坐标有如下关系：

$$v = \sqrt{2gy}$$

式中，g 是重力加速度。在曲线上点 (x,y) 处，质点的运动速度为

$$v = \frac{ds}{dt} = \sqrt{1+y'^2}\,\frac{dx}{dt}$$

式中，s 表示曲线的弧长，t 表示时间，于是

$$dt = \frac{\sqrt{1+y'^2}}{v}dx = \frac{\sqrt{1+y'^2}}{\sqrt{2gy}}dx$$

由于 O、A 点的横坐标分别是 0、p，则质点 m 从 O 点运动到 A 点所需时间为

$$t = J(y) = \int_0^p \frac{\sqrt{1+y'^2}}{\sqrt{2gy}}dx$$

51

这样，质点由 O 点运动到 A 点所需时间 t 是 $y(x)$ 的函数，最速降线问题就是在满足边界条件

$$y(0) = 0, \quad y(p) = q$$

的所有连续函数 $y(x)$ 中，求出一个函数 y，使泛函式取最小值。

泛函式求极值问题又称为变分问题，使泛函取极值的函数称为变分问题的解，也称为极值函数。最终解答如下：

$$J[y(x)] = \int_0^p \frac{\sqrt{1+y'^2}}{\sqrt{2gy}} \, dx$$

且 $y(0) = 0$，$y(p) = q$，这样

$$F(x, y, y') = F(y, y') = \frac{\sqrt{1+y'^2}}{\sqrt{2gy}}$$

其 E-L 方程 (欧拉-拉格朗日方程) 为

$$\frac{\partial F}{\partial y} - \frac{d}{dx}\left(\frac{\partial F}{\partial y'}\right) = 0$$

由于

$$\frac{d}{dx}\left[F - y'\frac{\partial F}{\partial y'}\right] = y'\frac{\partial F}{\partial y} + y''\frac{\partial F}{\partial y'} - y''\frac{\partial F}{\partial y'} - y'\frac{d}{dx}\left(\frac{\partial F}{\partial y'}\right) = 0$$

所以有

$$F - y'\frac{\partial F}{\partial y'} = C$$

则可得

$$y = 2r\sin^2\frac{\theta}{2} = r(1 - \cos\theta)$$

上式两边对 θ 求导，所以

$$x = r(\theta - \sin\theta) + x_0$$

根据曲线过原点 $(0,0)$ 及点 $A(p,q)$，可求出 $x_0 = 0$ 及 r 的值，这样，所求曲线为

$$\begin{cases} x = r(\theta - \sin\theta) \\ y = r(1 - \cos\theta) \end{cases}$$

最速降线无论在数学上还是物理上都进行过严格的证明，对工程来说，其物理原理为，在同一高度上滚下来两球，两球下滚的原因都是受到了重力分力的作用，沿直线下滚的球，下滚的加速度保持不变，速度稳定地增加；沿摆线下滚的球，由于开始阶段轨迹坡度非常大，因此球在非常短的时间内取得的下滚速度非常大。虽然在下滚的后半阶段，轨迹坡度逐渐变小、速度增加变缓，但此时的下滚速度已经变得很大了，所以，沿摆线下滚的球在整个下滚阶段的平均速度很大。即使摆线的长度比直线大，但球沿摆线下滚的时间比直线短。

最速降线理论在粮食仓储物流中有广泛的应用，在解决仓储工艺问题上可发挥重要作用，如改善空气斜槽、溜管和布粮器等设备的性能参数，优化粮食仓储工艺等。

2.18 受迫振动

振动系统在周期性外力的作用下发生的振动称为受迫振动，此周期性外力称为策动力。本实验的策动力由振源带动载物台加到振子弹簧上，使台上的振子弹簧做受迫振动。当策动频率 $\omega = \sqrt{\omega_0^2 - 2\beta^2}$ 时，受迫振动的位移振幅 A 达到最大。其中 ω_0 为振动系统的固有频率，β 为阻尼系数。受迫振动的振幅-频率响应曲线或共振曲线如图 2-60 所示。

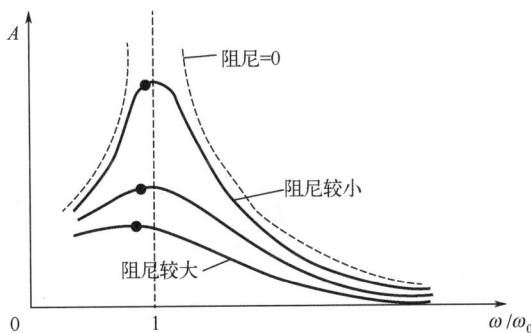

图 2-60　受迫振动的振幅-频率响应曲线

本实验的主要装置实物图如图 2-61 所示，采用电机驱动振动盘，由电源控制电机转速，实现对振动频率的调节。改变相应频率，可看到台上的卡通小人依次达到共振状态。

图 2-61　本实验的主要装置实物图

2.19 弦 线 驻 波

两个振幅相等、振动方向相同、频率相同的相干波在同一媒介中沿相反方向传播时，可形成驻波。对于两端固定或闭合环线上传播的波，要想形成稳定的驻波，还必须使线的

长度与波的波长满足一定的关系，即

$$L = n\frac{\lambda}{2} \ (n = 1, 2, 3\cdots)$$

其中 L 为线的长度，λ 为波的波长，n 为正整数。

本实验的主要装置示意图如图 2-62 所示，圆形钢丝固定在喇叭振源的铜棒上。接通电路，调节频率旋钮和功率旋钮，从钢丝左端和右端传来的振动在钢丝内叠加，当将圆周长调节到等于半波长的整数倍时，在圆环上可形成 3 个或 5 个环形驻波。

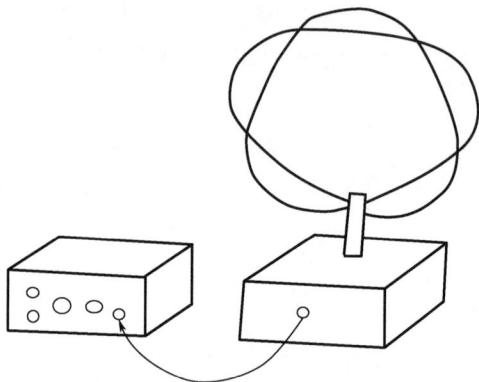

图 2-62　本实验的主要装置示意图

请读者思考，如果将环形展开，让一端固定，另一端处于自由状态，还可以形成驻波吗？

2.20　毛 细 现 象

毛细作用就是液体表面对固体表面的吸引力。毛细现象是指在一些线度小到足以与液体弯月面的曲率半径相近的毛细管中发生的现象。毛细管中整个液体表面都将变得弯曲，液固分子间的相互作用可扩展到整个液体。

在自然界和日常生活中有许多毛细现象的例子。植物茎内的导管就是植物体内的极细的毛细管，它能把土壤里的水分吸上来；砖块吸水、毛巾吸汗、粉笔吸墨水等也都是常见的毛细现象。在这些物体中有许多细小的孔道，起着毛细管的作用。

有些情况下毛细现象是有害的。例如，建造房屋的时候，在砸实的地基中毛细管又多又细，它们会把土壤中的水分吸上来，使得室内潮湿。因此，建造房屋时在地基上面铺油毡，就是为了防止毛细现象的产生。

水沿毛细管上升的现象，对农业生产的影响很大。土壤里有很多毛细管，地下的水分经常沿着这些毛细管上升到地面上来。如果要保存地下的水分，就应当锄松地面的土壤，破坏土壤表层的毛细管，以减少水分的蒸发。

日常生活中常见的一个毛细现象是，水因能润湿玻璃而会在细玻璃管中升高；反之，水银却因不能润湿玻璃而在其中下降。其原因就是液体表面张力和曲面内外压强差的作用。

　　将毛细管插入浸润液体中，管内液面上升，高于管外；将毛细管插入不浸润液体中，管内液面下降，低于管外。在洁净的玻璃板上放一滴水银，它能够滚来滚去而不附着在玻璃板上。把一块洁净的玻璃板浸入水银里再取出来，玻璃板上也不附着水银。这种液体不附着在固体表面上的现象叫作不浸润，这种液体称为不浸润液体（相对某固体来说）。因此，对玻璃来说，水银是不浸润液体。在洁净的玻璃板上放一滴水，它会附着在玻璃板上形成薄层。把一块洁净的玻璃板浸入水中再取出来，玻璃板的表面会沾上一层水。这种液体附着在固体表面上的现象叫作浸润，这种液体称为浸润液体（相对某固体来说）。因此，对玻璃来说，水是浸润液体。

　　同一种液体，对一种固体来说可能是浸润的，对另一种固体来说可能是不浸润的。例如，水能浸润玻璃，但不能浸润石蜡；水银不能浸润玻璃，但能浸润锌。

　　液体表面类似张紧的橡皮膜，如果液面是弯曲的，它就有变平的趋势。因此凹液面对下面的液体施以拉力，凸液面对下面的液体施以压力。浸润液体在毛细管中的液面是凹形的，它对下面的液体施加拉力，使液体沿着管壁上升，当向上的拉力与管内液柱所受的重力相等时，管内的液体停止上升，达到平衡。同样的原理也可以解释不浸润液体在毛细管内下降的现象。表面张力对液体的作用就像在液体表面增加了一个垂直于球面的压强，称为附加压强。

　　下面分析液柱的上升高度公式。液柱上升高度是：

$$h = 2\gamma\cos\theta / (\rho g r)$$

式中，γ 为液体表面张力，θ 为接触角，ρ 为液体密度，g 为重力加速度，r 为毛细管半径。

　　当 $\theta > 90°$ 时，液面为凸面，同时 $h < 0$，表示液体在毛细管中下降。

　　对于海平面上装了水的玻璃管来说，有

$$\gamma = 0.0728\text{J/m}, \theta = 20°, \rho = 1000\text{kg/m}^3, g = 9.8\text{m/s}$$

　　根据此方程式，理论上在半径为 1m 的管中，水可以上升 0.014mm（因此极不容易被察觉）；在半径为 1cm 的管中，水可以上升 1.4mm；而在半径为 0.1mm 的毛细管中，水可以上升 14cm。

2.21　层流现象

　　液体在流动时，存在着两种完全不同的流动状态。

　　当液体流速较小时，质点惯性力较小，黏滞力对质点起控制作用，使各流层的液体质点互不混杂，液体做层流运动。当出现层流时，每个水分子会以非常精确的方式，按照前一个分子的轨迹流动，流线互相平行不相交，液体分层流动、互不混合，使得液体看起来处于"静止"状态。

　　当液体流速逐渐增大时，质点惯性力也逐渐增大，黏滞力对质点的控制逐渐减弱，当流速达到一定程度时，各流层的液体形成涡体并能脱离原流层，液体质点互相混杂，液体做湍流运动。这种从层流到湍流的运动状态，反映了液体内部结构从量变到质变的变化过程。

将气球装满水，在其表面用胶带粘贴围出一个区域，在区域中，用剪刀轻轻戳破气球，水从小孔中喷出，当流速合适时，可以看到水流几乎是静止的，这就是层流现象，如图 2-63 所示。

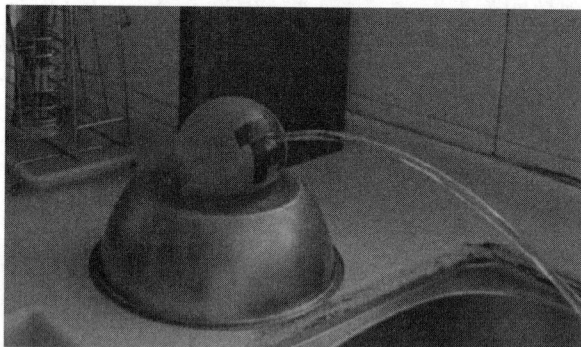

图 2-63　水流几乎是静止的

1883 年，雷诺(Reynold)做了一系列经典实验，力求找到液体由层流状态过渡到湍流状态所需的条件。雷诺实验的示意图如图 2-64 所示，其中 K 阀门用来控制观察段水流速度；A 管始终导通，以保证 C 区域保持溢流状态，水面高度不变；B 管中装的是有色液体，由 C 阀门控制；D 区域为观察段。

打开 C 阀门，有色液体流入观察段，流速不大时，我们可以清晰地看到管内有一条条与管壁平行的有色细丝，即脉线，管内液体分层流动，互不混淆，说明管内液体处于层流运动状态。若保持管径不变，增大流速，则脉线变粗，开始出现波纹，随着管内液体流速的增加，波纹的数目和振幅逐渐变大，当流速达到某数值时，脉线突然分裂成许多运动着的小涡旋，继而很快消失，使整个管内的液体带上了淡薄的颜料的颜色，这说明管内液体的不规则运动，使各部分颜料颗粒相互剧烈掺混，并混乱而均匀地分散到整个液体之中，导致脉线消失，此时液体处于湍流运动状态。层流与湍流示意图如图 2-65 所示。

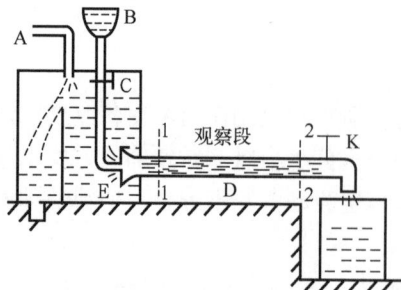

图 2-64　雷诺实验的示意图

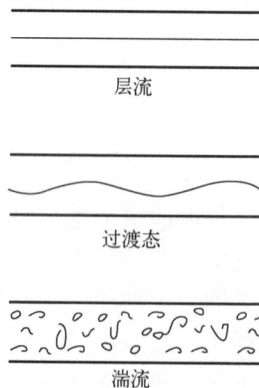

图 2-65　层流与湍流示意图

对于管流而言，影响液体形态的因素有：流道的几何尺寸（管径 d）、流动的平均速度

u 和液体的物理性质(密度 ρ 和黏度 μ)。雷诺发现,这些影响因素可以综合成一个无因次数群 $du\rho/\mu$,作为液体形态判断的依据。此数群称为雷诺数,以 Re 表示,即:$Re = du\rho/\mu$。

雷诺指出,当 Re≤2000 时,必出现层流;当 Re>4000 时,必出现湍流;当 2000<Re≤4000 时,或出现层流,或出现湍流,具体情况依赖于环境(如管道直径和方向改变,外来的轻微震动等都能促使湍流的形成)。

除液体之外,气体的运动也遵循层流现象。当层流遇上较大的阻碍或流速骤然增大时,其规律性运动轨迹就会被打破,形成湍流。作为流体力学的研究方向,飞机的层流机翼和汽车的流线型车身设计,都离不开层流现象的应用。这种流线型的设计能够更大程度地保持边界层流状态,大幅减少空气阻力。

2.22 风 洞 模 型

风洞是产生人工气流并能观测气流或气流与物体之间相互作用的管道装置。风洞是空气动力学研究和实验中最广泛使用的工具,用于研究空气动力学的基本规律,以验证和发展有关理论,为各种飞行器的研制服务。风洞实验的基本原理是相对性原理和相似性原理。根据相对性原理,飞机在静止空气中飞行所受到的空气动力作用,与飞机静止不动、空气以同样的速度反方向吹来的作用是一样的。通过风洞实验,可以确定飞行器的气动布局并评估其气动性能。根据流速的范围分类,马赫数<0.3 的风洞称为低速风洞,0.3≤马赫数<0.8 的风洞称为亚声速风洞;0.8≤马赫数<1.2 的风洞称为跨声速风洞;1.2≤马赫数<5 的风洞称为超声速风洞;马赫数≥5 的风洞称为高超声速风洞。最常见的风洞是低速风洞。

位于四川绵阳的中国空气动力学研究与发展中心已建成具有世界水平的 2.4 米跨声速风洞(风洞常以实验段尺度命名)。这样大尺度的跨声速风洞,世界上只有中国、美国、俄罗斯等少数国家才有。我国 2.4 米跨声速风洞的建成表明,我国已进入世界航空航天大国的行列。

飞行器在风洞中的实验内容主要有测力实验(测量作用于模型的空气动力,如升力、阻力等,确定飞行性能)、测压实验(测量作用于模型表面的压力分布,确定飞机载荷和强度)、布局选型实验(将模型各部件做成多套形式,可以更换组合,选择最佳的飞机布局和外形)等。随着工业技术的发展,从 20 世纪 60 年代开始,风洞(主要是低速风洞)实验从航空航天领域扩大到一般工业领域,各行各业的发展越来越需要空气动力学和风洞实验的参与,风洞已经衍生出了新的学科:"工业空气动力学"和"风工程学"。

风洞实验中,飞机机翼具有独特的剖面,称为翼型。从侧面看,机翼顶部弯曲,而底部相对较平。机翼在空气中穿过,将气流分隔开来。一部分空气从机翼上方流过,另一部分从下方流过。但是由于机翼顶部表面是弯曲的,因而从上方流过的空气速度加快。结果是使机翼上方的气压降低。与之相反,机翼下方的空气相当于沿直线流动,其速度与压力保持不变。当气流填补局部真空时,机翼阻碍了它,这样机翼就被空气抬起。飞机向前飞行得越快,机翼产生的气动升力也就越大。

风洞实验装置如图 2-66 所示。演示时,打开开关,调节风速,可以看到小飞机缓缓上升。注意观察水柱液面变化，判断哪一面与上翼面导通，哪一面与下翼面导通。改变翼面的迎角，观察迎角与液面变化的关系。

图 2-66 风洞实验装置

2.23 火龙卷实验

将透明的有机玻璃管纵向切开，竖放在桌面上，并将其沿着直径方向错开一些，中间放上蜡烛，点燃蜡烛后，我们就可以看到火苗变高。这是因为燃烧使空气加速向上流动，空气从四周沿着缝隙被吸进，形成一股切向气流，随机变为绕轴心的向上涡流，形成类似龙卷风的火苗，如图 2-67 所示。

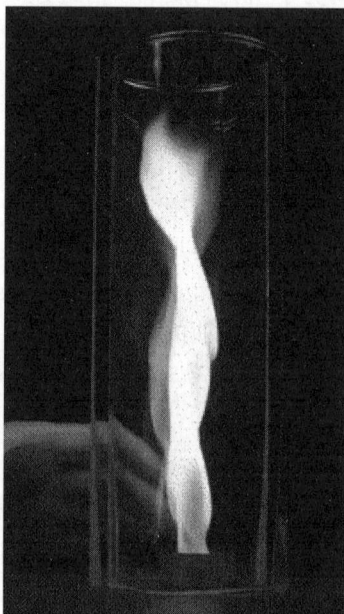

图 2-67 类似龙卷风的火苗

2.24　凯 伊 效 应

将混合有机溶液倒到一固体表面上，固体表面会突然向上喷出一束液体和向下倒的液束相会，这种现象称为"凯伊效应"，由英国工程师阿兰·凯伊于 1963 年首次发现。

凯伊效应的发生，离不开一种叫作剪切稀化流体的非牛顿流体，它拥有"遇强则弱，遇弱则强"的性质，生活中常见的酸奶、洗发水等就是这种物质。

把一瓶洗发水固定在高处。让液体从高处流畅地落下，落下的洗发水堆积在一起。在接下来下落的液体的冲击下，下方堆积的液体会形成一个小坑，这个小坑就是接下来的液体跃起的滑梯。下落的液体和滑梯之间的液体相接触，液体受到较大的撞击而变得非常稀，相当于一层润滑剂。液体就会顺着滑梯跳起，形成一道优美的抛物线。

2.25　马格努斯飞行器

当一个旋转物体的旋转角速度与物体飞行速度不重合时，在与旋转角速度和平动速度组成的平面相垂直的方向上，将产生一个横向力。在这个横向力的作用下，物体飞行轨迹会发生偏转，这种现象称为马格努斯效应。

如图 2-68 所示，在一个流体系统中，比如气流、水流中，流速越快，流体产生的压力就越小，这就是称为"流体力学之父"的丹尼尔·伯努利 1738 年发现的"伯努利定理"。伯努利定理的内容是，流体流速增加，流体的静压将减小；反之，流体流速减小，流体的静压将增加。但是流体的静压和动压之和(称为总压)始终保持不变。伯努利定理在水力学和应用流体力学中有着广泛的应用，是飞机起飞原理的依据。由于它能用有限关系式表示，因此常用它来代替运动微分方程。所以，其在流体力学的理论研究中也有重要意义。

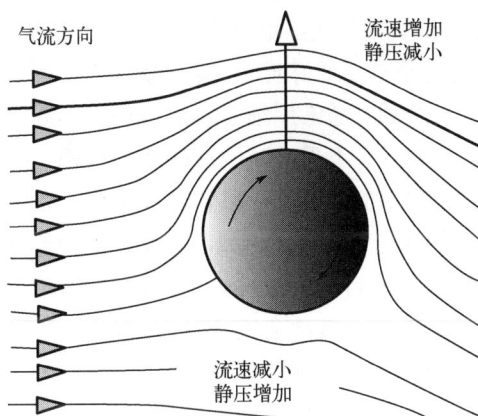

图 2-68　伯努利定理

本实验用纸杯模拟飞行器，将两个一次性纸杯杯底相对，用宽胶布固定。将十个橡皮筋连成一个长串，围绕连接处顺时针绕若干圈，利用橡皮筋相互缠绕压住起点一端，用手握紧拉伸另一端，如图 2-69 所示，松手后纸杯向天空中飞出。这个实验由于物体本身较轻，还要考虑风向，以及手拉伸所施加的力度。

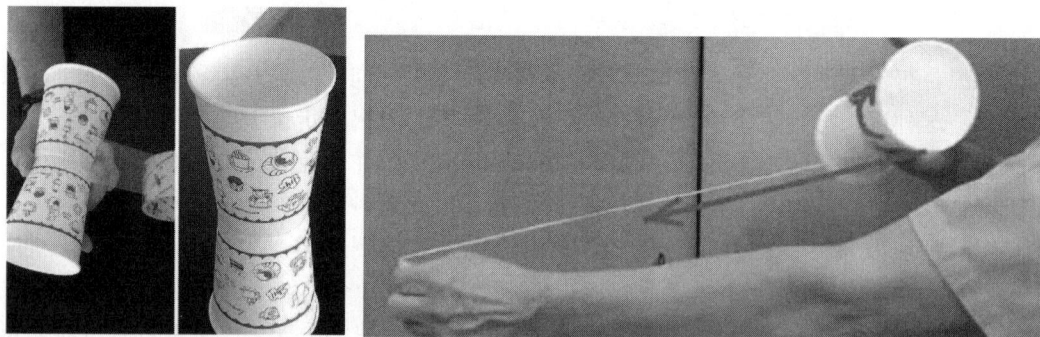

图 2-69　用纸杯模拟飞行器

如果纸杯前进时按反方向旋转，那么它所受的合力是向下的，而不是向上的(这个问题值得琢磨)。发射纸杯时要保证其获得较大的转速，并且具有较小的迎风面积。

2.26　魔力弹簧

1945 年，美国一位名叫詹姆斯的海军工程师在做实验时，不小心将一根拉紧的软弹簧掉在了地上。他惊奇地发现，这根弹簧竟会不停地翻跟斗，从一个台阶翻到下一个台阶。他将弹簧带回家试了多次，突发灵感，何不将这弹簧做成一个有趣的玩具？新玩具被他的妻子命名为 slinky，意为鬼鬼祟祟。弹簧下楼的动作十分诡异，很像一个人蹑足下楼时两条腿的交替移动。新玩具于 1946 年首次在费城的商场里亮相，400 个 slinky 弹簧竟在 90 分钟内被抢购一空。1947 年，詹姆斯为新玩具申请了发明专利，从那时起，全世界出售的 slinky 弹簧已超过 3 亿个。1999 年，美国邮政发行纪念 100 个美国偶像的邮票里，slinky 弹簧作为 20 世纪美国发明的著名玩具也光荣地跻身在内。这个软弹簧玩具在我国也很流行，曾获得过"机灵鬼"的俏皮中文译名，后来被涂上鲜艳的颜色，名字也变成了更好听的"彩虹圈"，如图 2-70 所示。

彩虹圈是一个极其柔软的弹簧，通常用细金属丝或扁矩形断面的塑料制成，彩虹圈的弹簧刚度大约是普通弹簧的百分之一，不受力时所有的螺圈都相互接触，因此只能拉伸不能压缩。将弹簧的两个端面平放在双手的手掌上，将它弯成拱形，然后左右手交替上下移动，可以观察到螺圈自左至右或自右至左交替地急速翻滚。变幻的色彩如同天上美丽的彩虹。

彩虹圈最独特的"本领"是能自动下楼梯。将弹簧的两个端面分别置于楼梯不同高度的两级台阶上，放手以后弹簧的高处端部会突然跃起，弯曲，落到低处台阶上，然后另一端部(此时仍为高处端部)跃起，弯曲，落到低处台阶上，弹簧重复此过程，以翻跟斗的方式不停下降，直到楼梯的底部才停止。这个现象本质上是重力势能与弹性势能动态转化、协同作用的结果。从物理学角度分析，其核心机制在于：当彩虹圈被拉伸并放置在楼梯边缘时，其左半部分位于上一级台阶，右半部分悬垂至下一级台阶。此时，系统处于非平衡状态，重力对左半部分施加的力矩使其失去支撑后向上翻转，而右半部分因重力作用向下加速运动。这一过程中，彩虹圈的弹性形变储存的势能逐步释放，转化为动能，驱动其完成"下腰"式翻转，最终到达下一级台阶。

彩虹圈的另一典型现象体现在其自由释放时的动力学响应。当我们手持彩虹圈顶端使其自然悬垂后突然松手，如图 2-71 所示，可观察到其底端螺圈并非立即下落，而是短暂保持静止状态。此现象源于弹簧内部弹性波传播延迟与张力梯度分布的耦合作用。在静止悬垂状态下，弹簧各螺圈承受的重力呈现累积分布特征：顶端螺圈因承担整个弹簧的重量而具有最大张力和最大间距，随着高度降低，各螺圈所受张力线性递减，至底端螺圈时，其张力仅需平衡自身重力即可。

图 2-70　彩虹圈

释放瞬间，顶端螺圈因失去外部支撑，在自身重力与弹簧张力共同作用下获得最大加速度向下运动。由于弹簧的弹性波传播速度有限，底端螺圈在弹性形变未传递到位前仍处于初始平衡态，其加速度与速度均为零。此时，上方各螺圈在梯度张力的驱动下依次向下压缩，形成自上而下的形变传播序列。该压缩波前缘到达底端螺圈所需时间约等于弹性波传播整个弹簧长度的时间，这导致底端螺圈在形变波到达前呈现"悬浮"状态。当压缩过程完成后，弹簧整体进入自由下落阶段，此时系统质心的运动满足重力与惯性力平衡的动力学条件。

关于彩虹圈，文献里还提出过一个有趣的 Spizzichino 问题（如图 2-72 所示）：将一个彩虹圈和一条与之重量相等的链条悬挂在天平的两端，底部贴近秤盘。将连接绳剪断，问彩虹圈与链条谁先掉到秤盘上。参照以上对彩虹圈下落过程的分析，这个问题的正确答案也就不难得出了。

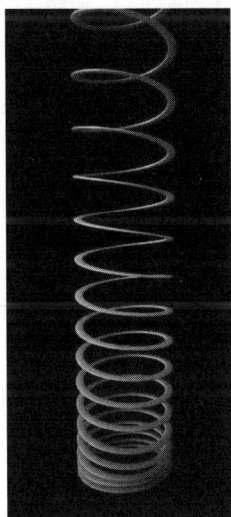

图 2-71　悬垂的彩虹圈

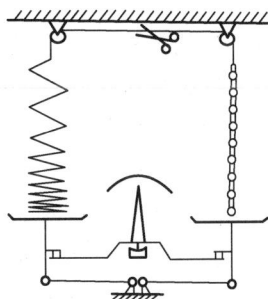

图 2-72　Spizzichino 问题

61

2.27　血　压　测　量

血压测量是日常生活中常见的医疗行为，通过如图 2-73 所示的水银柱式血压计可以测量人体血压这一重要的健康指数。水银柱式血压计装置简单便携，但包含丰富的物理原理，通过血压测量实验，读者可以了解血压的基本概念和测量原理，亲身体会血压测量过程，深刻感受科学在生活中的应用。

图 2-73　水银柱式血压计

血压测量原理基于物理学中的压强与流体动力学。首先，标准大气压强定义为 760mm 汞柱产生的压强，即 101.32 千帕(kPa)，医学上将高于此值的压强称为正压，低于此值的压强称为负压。人体血液循环中，当血液从左心室泵入主动脉时，其平均血压较当地大气压高出约 13.33kPa，形成正压状态。

血压本质上是血液在血管内流动时对血管壁施加的侧压强，其数值随心脏收缩舒张呈现周期性变化。左心室收缩时，主动脉血压达到峰值，称为收缩压(高压)；当血液分流至外周血管且左心室舒张时，血压降至最低值，称为舒张压(低压)。二者均以大气压为基准，表现为正值。

水银柱式血压计的工作原理依托连通器原理，即连通器两侧液面在静止状态下保持压强相等。测量时，气袋加压使水银槽液面压强超过左侧水银柱压强，迫使水银柱上升，其高度差产生的压强即等于气袋内压，从而间接反映血管内的血压值。

此外，血液作为黏性流体，其流动遵循流体动力学规律。在血管系统中，血流速度与血管横截面积成反比，狭窄处流速加快可能引发湍流，产生可检测的血流音。正常层流状态下血液分层流动无声音，但当流速超过临界值时，外层血液侵入内层形成涡流，即发生湍流并伴随杂音，这一特性为血压及相关血流状态评估提供了声学依据。

2.28　啄木鸟玩具

啄木鸟玩具(如图 2-74 所示)由弹簧连接的鸟体模型和套筒等组成,套筒可沿竖直金属杆滑动。静止状态下,鸟体重力使套筒产生倾斜,此时套筒端部与金属杆形成接触面,法向约束力产生的静摩擦力恰好平衡系统重力。当外界施加扰动(如轻触鸟头使其偏离平衡位置)或手动调整套筒至竖直状态后释放时,系统将进入动态过程:鸟体在弹簧恢复力作用下开始周期性摆动,同时套筒呈现"黏着-滑动"交替运动——摆动导致套筒周期性倾斜,当倾斜产生的摩擦力足以抗衡重力时,套筒短暂停滞(黏着阶段);随着摆动幅度变化,摩擦力减小至临界值以下时,套筒沿杆下滑(滑动阶段)。这种由摆动引发的法向约束力周期性涨落,正是实现"黏滞-滑动"循环的核心机制。

当套筒向下滑动时,重力势能转换成啄木鸟的动能。重力势能是恒定的,并非周期性变化的,但它对啄木鸟动能的输送是周期性变化的。在振动理论中,这种由系统本身的控制阀从恒定能源中吸取能量而实现的不衰减振动称为自激振动。

图 2-74　啄木鸟玩具

自激振动是常见的振动形式。微风下树叶的摆动、发动机中的活塞运动、钟表的运动都是典型的自激振动。上述由库仑摩擦激发的啄木鸟的振动称为干摩擦自激振动,是日常生活中普遍存在的现象。独轮车的咿呀响声、推门时轴承的噪声、琴弓擦弦产生的乐声都源于干摩擦自激振动。

将琴弦简化成弹簧-滑块系统,琴弓借助摩擦力带动琴弦移动到一定程度时,不断增长的弹性恢复力促使琴弦脱离琴弓产生滑动而返回。随着返回速度不断增大,动摩擦力增大,以致琴弓再次"抓住"琴弦一同向前运动。从而出现"黏着-滑动-再黏着"的重复过程,琴弦振动便得以维持。

管乐器的发声原理也是自激振动。将新鲜树叶夹在唇间能吹出清脆动听的声音,是因为振动改变了叶片的间隙,使气流对叶片的正压力周期性变化,从而使振动得到维持,这种叶笛就是各种管乐器的雏形。木管乐器的发声源自簧片的自激振动,铜管乐器的发声源自嘴唇的自激振动。

自激振动在工程领域具有举足轻重的地位,其潜在危害从历史教训中可见一斑。以1940 年美国塔科玛海峡大桥的坍塌事件为例,这座桥梁在特定风速下因结构自激振动引发剧烈共振,最终上演了令人震惊的整体坍塌悲剧。这次事故犹如一记警钟,彻底改变了工程界对风致振动问题的认知。自此,在桥梁设计和超高层建筑规划中,抑制风致自激振动成为主要考量,工程师们通过优化结构阻尼系统、采用流线型外形设计等创新手段,有效保障了重大基础设施的安全运营。输电线在阵风作用下可产生强烈的自激振动而导致严重事故。飞机机翼可由于空气动力与蒙皮弹性变形的耦合而产生颤振。类似的自激振动也发

生在燃气流作用下的涡轮机叶片上。车刀切削时干摩擦自激振动可影响切削精度；润滑不良的齿轮传动链也能产生类似于啄木鸟玩具的"黏着-滑动-再黏着"的爬行过程。

2.29　科里奥利力转盘

若一质点相对惯性系做匀速直线运动，则其相对转动参考系而言表现为曲线运动。如图 2-75 所示，设转盘绕过 O 点垂直盘面的竖直轴以角速度 ω 逆时针转动。一质点自转盘中心出发相对地面(惯性系)沿一给定的方向(如 OA)做匀速直线运动，相对转盘静止的观察者看到的是地面将绕 O 点顺时针转动，地面上线段 OA 与转盘上线段 OA′ 在 t = 0 时重合。经过一段时间，质点相对于地面沿线段 OA 从 A 点运动到 1 点，相对于转盘静止的观察者会看到地面上的线段 OA 也转过一个角度，从而质点位置应为 1′，以后有 2′、3′ 点与 2、3点对应。

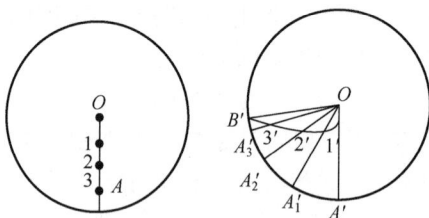

图 2-75　一质点相对惯性系做匀速直线运动

质点相对于转动参考系的运动路径是一条曲线 $\overset{\frown}{O1'2'3'B'}$。在惯性系中做匀速直线运动的质点，相对于匀速转动的非惯性系，质点的运动轨迹却成了曲线。在匀速转动的非惯性系中，为了形式上用牛顿定律解释这种曲线运动，必须认为质点受虚拟的力及惯性力的作用。若质点相对于匀速转动的转盘静止，相对地面参考系(惯性系)而言，质点做匀速圆周运动，应有一向心力(真实力的合力)抵消。在匀速转动的非惯性系中，观察者认为无论质点是否运动都应受惯性离心力的作用。相对于匀速转动的非惯性系，质点还应受到另外一个惯性力的作用，其方向应指向运动方向的右侧(沿运动方向看)，这就是科里奥利力。

设质量为 m 的质点相对于转盘以速度 v′ 运动，其运动方程为：

$$ma' = F - m\omega \times (\omega \times r) - 2m\omega \times v'$$

其中 a′ 为质点相对转盘的加速度。ω 为匀角速度转动参考系相对于惯性系转动的角速度，r 是质点的位矢。上式右边第二项是惯性离心力

$$f_i = -m\omega \times (\omega \times r)$$

右边第三项为科里奥利力

$$f_{\text{cor}} = -2m\omega \times v'$$

若质点相对转盘静止，则它不受科里奥利力作用。

本实验的装置如图 2-76 所示，由于科里奥利力的存在，图中项链上的小珠相对转盘形

成了一系列波浪，请注意观察。旋转上方小转盘，使位于其上的项链呈圆周状旋转。再转动底座转盘，观察项链转动情况，分析其受力状况，看是否与理论分析一致。

图 2-76　本实验的装置

2.30　科里奥利力演示仪

图 2-77 为科里奥利力演示仪示意图，其中 1 为转盘，它可以演示支撑轴 4 为轴进行自由转动；2 为导轨；3 为小球；4 为演示支撑轴；5 为底座。

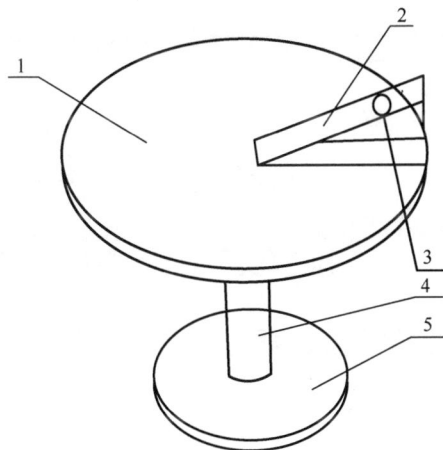

图 2-77　科里奥利力演示仪示意图

当转盘静止时，质量为 m 的小球沿导轨下滚，其轨迹沿转盘的直径方向，不发生任何偏离；当转盘以角速度 ω 转动时，小球沿导轨下滚，当其落到转盘上时，小球将偏离直径方向运动。

从上向下看，如果转盘以逆时针方向旋转，当小球下滚到转盘上时，小球将偏离原来直径的方向，而向前进方向的右侧滚动；如果转盘以顺时针方向旋转，当小球下滚到转盘上时，小球向前进方向的左侧滚动。

第3章 声

3.1 听力范围

人类能听到的频率范围是 20～20000Hz，但是随着年龄增长，听力范围会逐渐缩小。大学生的听力范围上限约为 16000Hz，现在有很多听力测试 App，可以很方便地进行实验，只是有时会受到硬件的限制。

不同动物的听力范围也不同，如图 3-1 所示，如狗等的听力范围上限比人类要高，利用这种差异，可以制作驱狗器，发出人类听不到而狗可以听到的超声波驱赶狗。犬笛是可以发出超声波的哨子，可以呼唤爱犬。日本有一部电影《犬笛》，讲述了女主人翁和爱犬都可以听到常人听不到的超声波，从而发生了一系列有趣的故事。

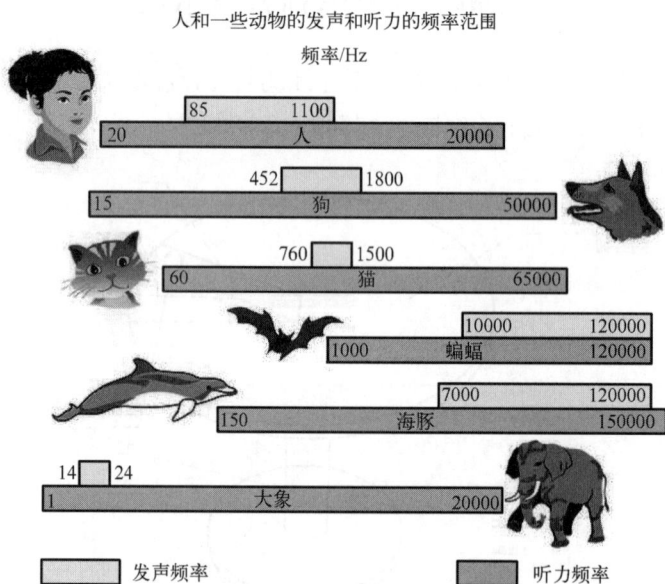

人和一些动物的发声和听力的频率范围

图 3-1 不同动物的听力范围

一般超过 20000Hz 的声波称为超声波，波长极短，可用于清洗、碎石、杀菌消毒等。汽车的倒车雷达、医院常用的 B 超、清洗眼镜时使用的超声清洗、空气加湿器使用的超声雾化都利用了超声波。低于人类听力范围下限的声音称为次声波，次声波不易衰减，不易被水和空气吸收。次声波的波长很长，能绕开大型障碍物发生衍射，某些次声波能绕地球传播 2～3 周。某些频率的次声波由于和人体器官的振动频率相近甚至相同，容易和人体器官产生共振，对人体有很强的伤害性，甚至可致人死亡。

3.2　声速测量

在大学物理实验中，利用驻波法或相位差法测量声速是必修实验。随着手机功能越来越强大，很多手机 App 都可以借助手机自带的多种传感器完成一些实验。其中 phyphox 就是非常好用的一款，其中文版为手机物理工坊。如图 3-2 所示，使用声学秒表功能，设置阈值，即可设置触发计时的最小音量。将两部手机同时打开，保持一定距离 L（请自行确认具体数值）。在两部手机的一侧发出一种声音，两部手机的声学秒表先后开始计时，几秒过后，在两部手机的另一侧发出一种声音，声学秒表先后停止计时。两部手机计时的差值，即为声速传播 $2L$ 距离的时间，从而可求出声速。

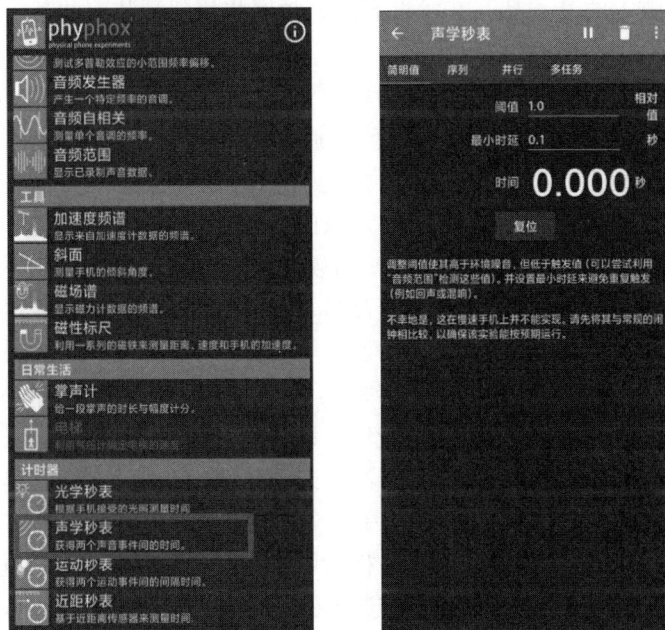

图 3-2　使用声学秒表功能

3.3　声　聚　焦

在南京科技馆葱郁的树林中，我第一次见到声聚焦装置。这是一对相对的凹面装置，间距达 30 多米。凹面的焦点处有一个圆环，当两个人分别站在焦点附近，面向凹面交谈时，声音像面对面交谈一样清晰。如同光学中凹面镜对光的会聚原理，声波也会被凹面反射并会聚。当我们站在凹面的焦点处，面向凹面说话时，声音经凹面反射后，平行传向对面的凹面，再次会聚于对面凹面的焦点处，使处于该焦点处的人能清晰地听到声音。

这个实验看似简单，但是有两个问题值得探究。一是反射面的形状一般是球面，但实际上抛物面的效果更好，更能将声音会聚到焦点。二是如果没有给出焦点，应该如何判断焦点位置？请读者思考。

3.4 吉 他 调 音

吉他调音是很好的驻波实验。当吉他音不准时就需要调音，如果你手头有调音器，调音自然方便许多；但如果没有调音器呢？

可以这样简单理解：一定长度的琴弦振动发出声音，实际上是在该长度的琴弦上形成了驻波，这些驻波的频率构成了我们听到的基音和泛音。知道某一根琴弦在某一品时的频率，就可以推测出其他品的音高。进一步地，根据不同琴弦之间的音高关系，我们可以找到一根琴弦上的某一品，其发出的声音频率与相邻琴弦上的某一品相同，以此进行手动调音。

手动调音的前提是要先把 1 弦调整为标准音（1 弦空弦），在没有任何工具的情况下，将 1 弦调至标准音需要完全靠个人的感觉。然后按住 2 弦的 5 品，先后弹 1 弦空弦和 2 弦，对比两个音，直至 2 弦音高与 1 弦一致。按住 3 弦的 4 品，先后弹 2 弦空弦和 3 弦，对比两个音，直至 3 弦音高与 2 弦一致。按住 4 弦的 5 品，先后弹 3 弦空弦和 4 弦，对比两个音，直至 4 弦音高与 3 弦一致（标准音 A 的频率为 440Hz）。按住 5 弦的 5 品，先后弹 4 弦空弦和 5 弦，对比两个音，直至 5 弦音高与 4 弦一致。按住 6 弦的 5 品，先后弹 5 弦空弦和 6 弦，对比两个音，直至 6 弦音高与 5 弦一致。

原理分析：吉他的 6 根弦中，1 弦最细，6 弦最粗，在其他条件相同时，1 弦振动频率最高，音最高；6 弦振动频率最低，音最低。调音的原则是控制粗细、长度各不相同的两根弦的张力以达到使其振动频率相同、音高一致的效果。吉他弦的品格是按照半音的规则分的，每个半音的频率都比之前的一个高 1 倍多，这是因为吉他采用的是 12 平均律，其中每个半音的频率比是 $2^{1/12}$。因此，找准品格就可以找到与 1 弦标准音相同音高的 2 弦的 5 品，按住 2 弦的 5 品使其音高与 1 弦标准音一致即可调准。

3.5 音叉发出纯净的声音

音叉的前身是餐叉，意大利解剖学教授乔瓦尼·菲利波·因格拉西亚是最早利用餐叉发现骨传导现象的人，也是第一个描述和命名镫骨的人。1546 年，他发现将振动的餐叉抵于牙齿上可以听到声音，这就是骨传导现象。100 年后，冈特·克里斯托夫·舍尔哈默将乐器借助一根杆与病人连接以检查其听力，他还将振动的餐叉放置在病人的牙齿、口腔软组织及颅骨上，发现骨传导向有病变的耳的一侧偏移。1711 年，英国音乐家约翰·肖尔发明了音叉。

音叉可以发出单一频率的声音，这是为什么呢？如果你多加留心，就会发现手握振动的音叉时，手感觉不到振动，这又是为什么呢？

要回答上面两个问题，就得看看音叉是怎么振动的。常见的音叉如图 3-3 所示，通过计算机模拟或慢镜头拍摄，我们可以观察到音叉在振动时，其两根叉指遵循的是反向振动模式。

图 3-3　常见的音叉

由于反向振动，两根叉指的横向力相互抵消，两根叉指在底部（也就是叉柄上部）的剪力和弯矩全部抵消，这样叉柄上既没有力矩，也没有横向的力，所以没有振动。两根叉指反向振动导致了叉柄不动，也就是说，不管是手持两根叉指，还是将其插在叉柄上，其固有频率都不受影响。

如果音叉有三根叉指，那么很难得到一个叉柄不动的振动模式，这就是音叉只有两根叉指的原因。双叉指设计的另一个重要优势在于，它能产生更加纯净的音质。

我们都知道，音叉有固有频率，但它的固有频率有无穷多个，而平时我们所说的固有频率只是其中最低阶的一个（非零）而已。当我们敲击音叉时，敲击的冲击力会首先激发第一阶振动，同时会引起其他阶振动。如果第二阶固有频率与第一阶固有频率很接近，那么其就会对第一阶形成很强的干扰，导致声音不纯。

音叉的第二阶固有频率与第一阶固有频率的关系具有特殊性。根据理论分析，其第二阶固有频率是第一阶的约 6.25 倍。这一数值显著高于其他振动系统的倍数关系，例如，小提琴的第二阶固有频率是第一阶的 2 倍（高八度音程），而一端封闭另一端开放的音管的第二阶固有频率是第一阶的 3 倍。这种高阶频率的快速衰减特性与介质阻尼相关——频率越高，等效阻尼越大，导致高阶谐波迅速衰减，从而使得音叉能发出更纯净的基频音。类似地，地震和核爆产生的次声波因其低频特性（阻尼小）可实现远距离传播，甚至绕地球多圈。

关于音叉的振动特性，严格来说，叉柄并非完全静止。当叉指横向摆动时，叉指质心会沿纵向产生微小位移。若音叉处于自由振动状态，叉柄质心会反向移动以保持系统动量守恒。将音叉置于桌面上时，叉柄端与桌面的撞击会产生明显的声音。进一步地，若将音叉置于匹配的共鸣腔上，叉柄与共鸣腔上板的撞击会激发腔内空气柱共振，形成声学放大效应。如图 3-4 所示，实验数据显示：当手持音叉时（a 段），声音较弱；当堵住共鸣腔开口（b 段）时，会抑制共振；而当开放共鸣腔（c 段）时，声音显著增大。这种设计体现了振动能量通过介质耦合实现高效传递的物理机制。

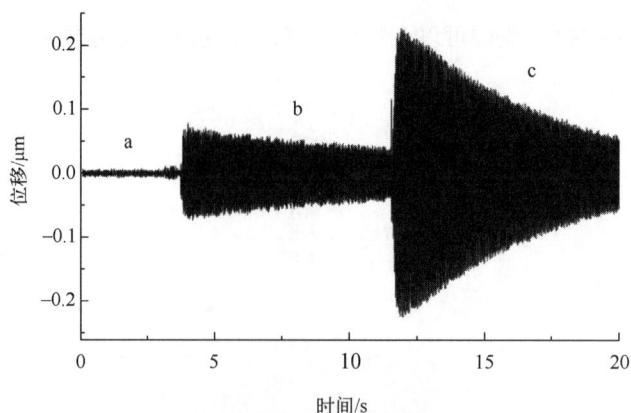

图 3-4　音叉实验数据

图 3-4 显示，共鸣腔能放大音叉声音，即便堵住其开放端也是如此。堵住开放端，腔内气体无法形成驻波，被封于腔内，此时底部木质箱体成为主要的作用因素。

使用音叉还可以完成很多有趣的实验，比如将音叉放在可调频的频闪灯（或 CRT 显示器）前，调节频闪灯的频率，可让振动看起来显得很慢甚至停止。这个实验的关键是频闪灯的频率必须与音叉频率相同，或者非常接近。这种"振动变慢"的效果是由频闪灯的作用导致的。只有经过整周期，频闪灯才能让叉指可见。在那一刻，音叉看起来好像只移动了一点。频闪灯的频率和音叉频率之间的差异决定了人们感觉到的振动快慢。此外，利用音叉的稳定振动也可以得到很好的李萨如图形。

3.6　金属管（杆）声驻波

当我们敲击金属管（杆）时，可以听到清脆的声音，其实这个简单的动作，也是一个有趣的实验。捏持金属管不同的位置并进行敲击，我们会听到不同的声音。

用手指捏持金属管波节的位置（距管端 $0.224L$ 的位置，L 为管长，单位为 mm），使金属管自然下垂，用橡胶锤敲击金属管端点或中点，可以听到很强的声音，并且声音会持续很长时间，仔细听，常常还能听到拍音。改变捏持的位置，或改变敲击的位置，声音的音调和音色都会有变化。这些声音来自金属管弯曲振动所产生的驻波。

捏持金属管中点，用橡胶锤垂直敲击其一端，金属管发出高频且持久的声音。此时的声音为横波声音，频率远低于之前的频率。

弹性介质具有惯性质量成分（密度）和弹性成分（杨氏模量），当其中有扰动时，它们将在介质中以波的形式传播，若介质的边界适当，弹性介质中将出现驻波。本实验的实质是在金属管中产生径向弯曲振动的横波驻波（垂直于轴向敲击）和沿长度方向伸缩振动的纵波驻波（沿轴向敲击），驻波振动激励空气声波传到听众耳中，产生声音。

本实验的相关参数如下。

金属管：钢管，外径 25mm，内径 24mm，长 477mm。

捏持 $0.224L$ 处：横波驻波频率为 660Hz 或 3566Hz。

捏持 0.500L 处：横波驻波频率为 1819Hz。

由实验数据算出钢管的杨氏模量 $Y=1.843\times10^{11}$Pa。

3.7 昆特管驻波

两列相干波（频率相同、振动方向相同、相位差恒定的简谐波）在同一直线上沿相反方向传播，会形成一种特殊的干涉现象，称为驻波。在空间中的一些点上，介质质点不运动，而在另一些点上，介质质点运动的幅度最大；每一个点的运动状态与紧挨着它的下一个点的运动状态好像是无关的。我们把这种不向前传播的波动称为驻波，把不运动的点称为波节，把振幅最大的点称为波腹。

当声波从低密度介质垂直入射到高密度介质界面时，反射波会产生半波损失（相位突变 π），此时界面处形成驻波的波节；反之，当声波从高密度介质入射到低密度介质时，无半波损失，界面处形成波腹。这种现象分别称为半波反射与全波反射。实验装置如图 3-5 所示，实验中，振源发出的声波在昆特管空气柱内传播，经封闭端反射后与入射波叠加形成驻波。此时波节点始终静止，波腹点振幅最大，且相邻波腹（或波节）间距为半波长。值得注意的是，由于反射端存在半波损失，该位置形成波节，其到第一个波腹的距离为 1/4 波长。

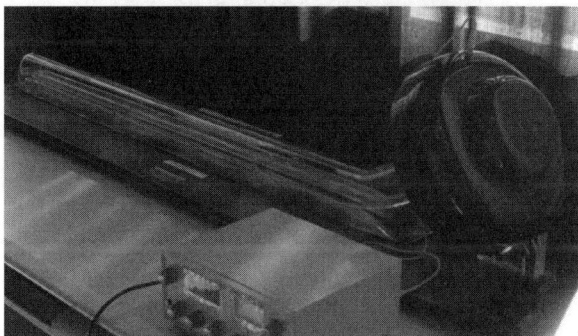

图 3-5 昆特管驻波实验装置

实验操作要点如下。

初始设置：将信号源输出电压逆时针调至最低后开启电源。

驻波激发：将频率调至仪器标注参考值（如 66Hz、180Hz 等）附近，逐步增大电压并微调频率，直至管内出现片状浪花（驻波稳定态）。

现象观察：调节频率可改变浪花间距，注意反射端到首个浪花的距离为其他相邻浪花间距的一半。

参数调整：若浪花不明显可适当提高频率，但需避免超过 800Hz 以防损坏设备。

关键特性验证：驻波波腹处因气体振动剧烈导致压强骤降，该低压区会吸附煤油形成浪花，此现象直观验证了驻波振幅分布特性；通过测量浪花间距与反射端距离，可反推出声波波长及传播速度。

3.8 激光李萨如图形

当两个相互垂直（分别沿 X 轴，Y 轴方向）的简谐振动合成时，其合振动轨迹通常较为复杂；然而，若两个振动的频率比为简单整数比（如 1 : 2、2 : 3 等），则合振动在 X-Y 平面内会形成稳定的闭合曲线，称为李萨如图形。本实验通过光杠杆系统实现对这一现象的观测：将 X 轴和 Y 轴方向的振动分别作用于两个反射镜，利用激光束的反射特性，将振动轨迹转换为光路变化。激光束经两个反射镜的复合振动调制后，其投影在墙面上会形成可直接观测的李萨如图形。本实验所用的光杠杆激光投影装置如图 3-6 所示。

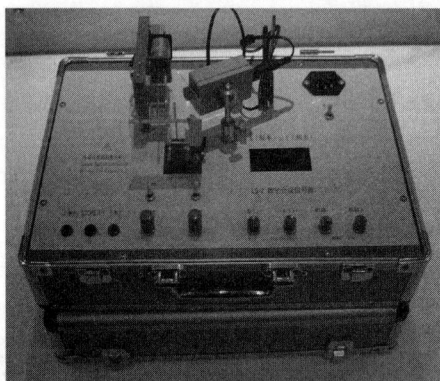

图 3-6　激光李萨如图形实验装置

接通电源，使激光照射在远处屏上，开机时数码管显示 X 轴、Y 轴频率比为 1 : 1。调节 X 轴、Y 轴振动频率，依次显示频率比为 1 : 1、1 : 2、1 : 3、2 : 3、3 : 4、3 : 5、4 : 5 的李萨如图形，如图 3-7 所示。

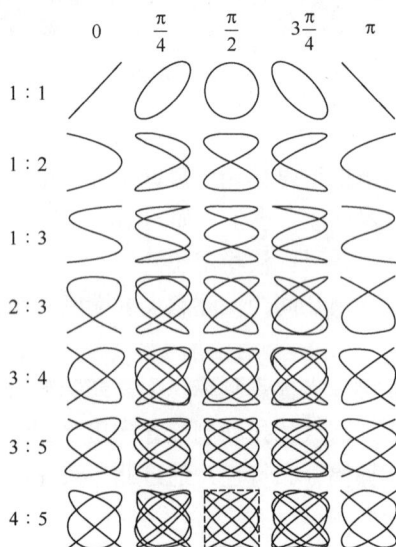

图 3-7　李萨如图形

3.9 机械振动与电信号傅里叶分析

　　本实验将振动的不同状态及其对应的振动曲线同步呈现，结合初始相位、振幅等参数的直观展示，帮助读者深入理解振动现象与物理参数间的关联。仪器配备的 A/D 转换器与计算机连接，便于实时观测振动曲线，不仅能展示两振动的合成过程，还能实现同方向振动的傅里叶合成演示。读者可同步观察分振动的位移-时间曲线与合成后的整体振动曲线，通过对比强化对振动叠加原理的认知。

　　本实验基于傅里叶分析的数学原理，该原理通过分解复杂振动为多个简谐振动分量，揭示了振动合成的数学本质。

　　周期为 T 的函数 $f(t)$ 可展开为傅里叶级数

$$f(t) = \frac{a_0}{2} + \sum_{k=1}^{\infty} (a_k \cos k\omega t + b_k \sin k\omega t)$$

其中

$$\omega = 2\pi/T$$

$$a_k = \omega/\pi \int_{-\pi/\omega}^{\pi/\omega} f(t) \cos(k\omega t)\mathrm{d}t \qquad k = 0,1,2,\cdots$$

$$b_k = \omega/\pi \int_{-\pi/\omega}^{\pi/\omega} f(t) \sin(k\omega t)\mathrm{d}t \qquad k = 0,1,2,\cdots$$

　　对于周期性的方波 $f(t)$，其图像如图 3-8 所示，其函数表达式为

$$f(t) = \begin{cases} A & 0 < t < t_0 \\ -A & t_0 < t < 2t_0 \end{cases}$$

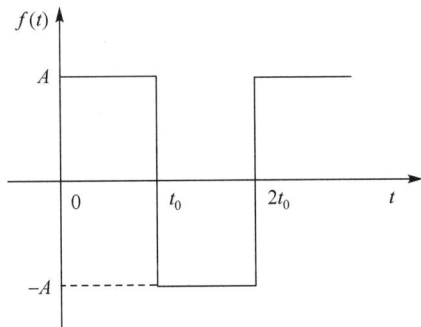

图 3-8　周期性方波 $f(t)$ 的图像

　　应用傅里叶级数展开理论，对 $f(t)$ 进行奇延拓，使得 $f(t)$ 在整个 t 轴上有意义，即在 $-\infty < t < +\infty$ 时有意义，且 $f(t)$ 仍为周期函数，周期为 $2t_0$。延拓后的函数可以展开成正弦函数的叠加，即

$$f(t) = \sum_{k=1}^{\infty} b_k \sin\left(\frac{\pi k}{t_0} t\right)$$

其中

$$b_k = 2/t_0 \int_0^{t_0} f(t) \sin\left(\frac{\pi k}{t_0} t\right) dt = \frac{-2A}{\pi k}[(-1)^k - 1]$$

即

$$f(t) = \sum_{k=1}^{\infty} -2A / \pi k[(-1)^k - 1]\sin\left(\frac{\pi k}{t_0} t\right)$$

$$= 4A / \pi \sum_{k=1}^{\infty} \frac{1}{2k-1}\sin\left(\frac{2k-1}{t_0}\pi t\right)$$

$$\approx 4A / \pi \sum_{k=1}^{N} \frac{1}{2k-1}\sin\left(\frac{2k-1}{t_0}\pi t\right)$$

取 $A=\pi/4$，$t_0=\pi$，可得

$$f(t) \approx \sum_{k=1}^{N} \frac{\sin(2k-1)t}{2k-1}$$

可见，一个周期性的方波通过傅里叶变换可以分解成奇次谐波之和；反之，也可由分解成的各谐波合成一个周期性的方波。

图 3-9 是 $N = 1, 3, 5, 7, 9$ 时各谐波的合成图。由图可见，随着 N 值的增大，合成曲线越来越接近方波形态，直至 N 趋于无穷大时，合成曲线几乎与方波无异。

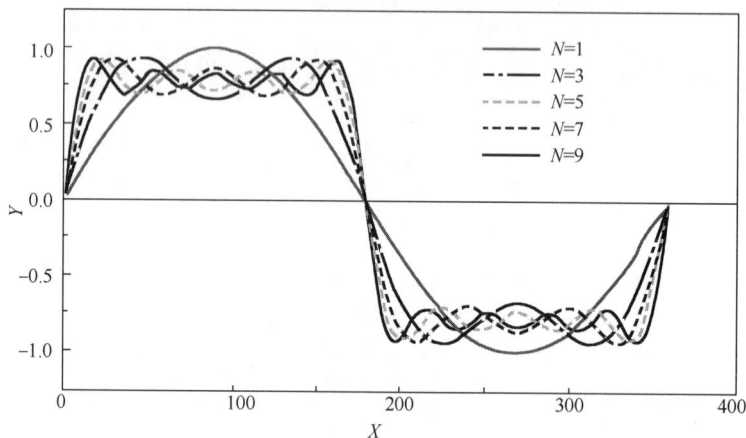

图 3-9　$N = 1, 3, 5, 7, 9$ 时各谐波的合成图

我们单独考虑三个谐波合成的情形，令 $N = 3$，可得

$$f(t) = \sin t + \frac{1}{3}\sin(3t) + \frac{1}{5}\sin(5t)$$

第4章 光

4.1 小孔近视镜与光圈

如果你近视，一定会有这样的经验，把眼睛眯成一条缝，看到的世界就会更清晰，好像拥有了近视镜。下面就对这个现象进行演示和说明。

随着照相机的普及以及手机摄像头技术的日益成熟，人们对摄影的认知也在不断加深。"光圈"这一摄影术语逐渐被广大摄影爱好者所了解。那么，光圈的大小对于拍照效果有什么样的影响呢？本实验就由此展开。

光圈，简而言之，就是控制光线透过镜头进入相机感光元件的装置，它通常安装在镜头内部。经过漫长的演变，光圈也由最原始的沃特侯瑟光圈逐渐发展为猫眼式光圈、虹膜式光圈、瞬时光圈等结构更复杂、实用性更高的光圈。然而，无论光圈的结构如何变化，其要实现的根本目的是一样的，即作为一个孔型装置来控制相机的进光量。

图 4-1 展示了部分不同孔径大小的光圈，完整的光圈值系列如下：$f/1.0$，$f/1.4$，$f/2.0$，$f/2.8$，$f/4.0$，$f/5.6$，$f/8.0$，$f/11$，$f/16$，$f/22$，$f/32$，$f/44$，$f/64$。其中，f 值为表达光圈大小的数值，其大小为"镜头的焦距（mm）/镜头的口径（mm）"。从图 4-1 中我们可以直观地看出，光圈的 f 值与其孔径大小成反比：f 值增大，意味着光圈孔径减小；f 值减小，则光圈孔径增大。我们知道，光圈孔径越大，进光量就越大，照片的亮度也越高；光圈孔径越小，进光量就越小，照片的亮度也越低。

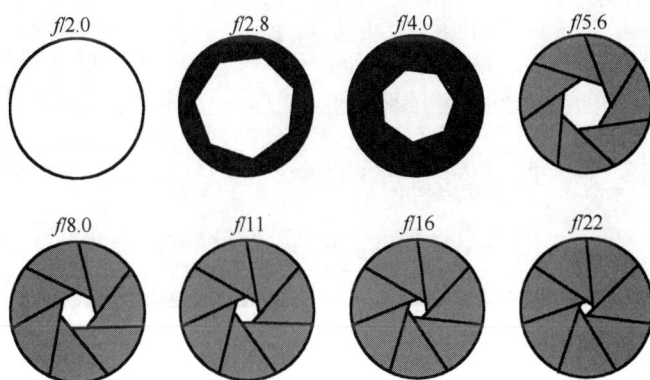

图 4-1　不同孔径大小的光圈

然而，如果我们有摄影经验就知道，光圈的孔径大小不仅与照片的亮度高低有关，还和照片的景深有很大关系。什么是景深？简单来说，就是相机对焦后能呈现出清晰的像的范围。

如果想拍摄浅景深的照片，比如拍人像照，我们往往需要使用大（孔径）光圈；而如果想拍摄深景深的照片，比如拍风景照，我们往往需要使用小（孔径）光圈。下面通过实验来探究光圈孔径大小对景深的影响。

如图 4-2 所示，首先，调整红光源、凸透镜和光屏的位置，使红光源透过凸透镜在光屏上形成清晰、等大、倒立的像，从而大致确定凸透镜的焦距。通过二倍焦距法测量，当凸透镜与光屏间距离约为 7.70cm 时，光屏上成清晰、等大、倒立的像，由此得出该凸透镜的焦距约为 3.85cm。

图 4-2　光屏上成清晰、等大、倒立的像

然后，将红光源和光屏远离凸透镜，光屏上的像变得模糊，类似未对焦的相机照片，如图 4-3 所示。

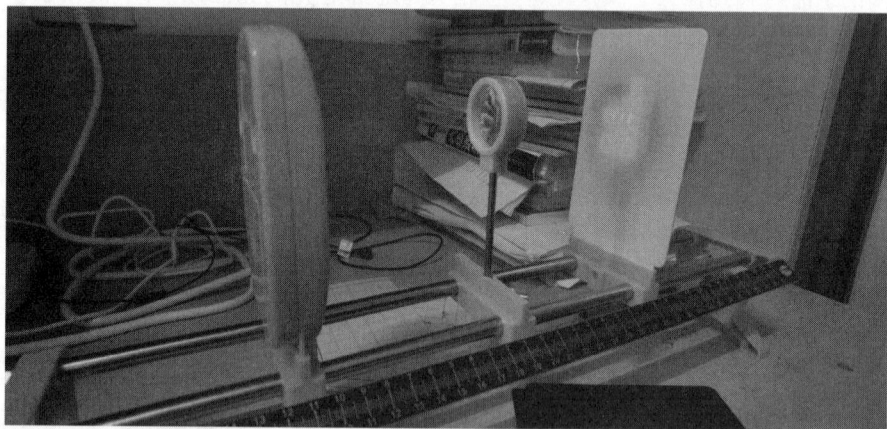

图 4-3　光屏上的像变得模糊

将自制的带有小孔的纸片放在红光源与凸透镜之间，纸片与凸透镜的间距约为 2.0cm，如图 4-4 所示。

可以看出，在凸透镜与光源之间放置孔径为 14mm 的纸片后，光屏上原本模糊的像变得清晰了一些。根据前文中的公式可算出此时光圈 f 值约为 2.4。此时光屏上的像可以视为使用大光圈拍出的照片。

图 4-4　将自制的带有小孔的纸片放在红光源与凸透镜之间

再用带有不同孔径小孔的纸片进行多次实验，可以发现，孔径越小，成像越清晰，同时像的亮度也越低，如图 4-5 所示。

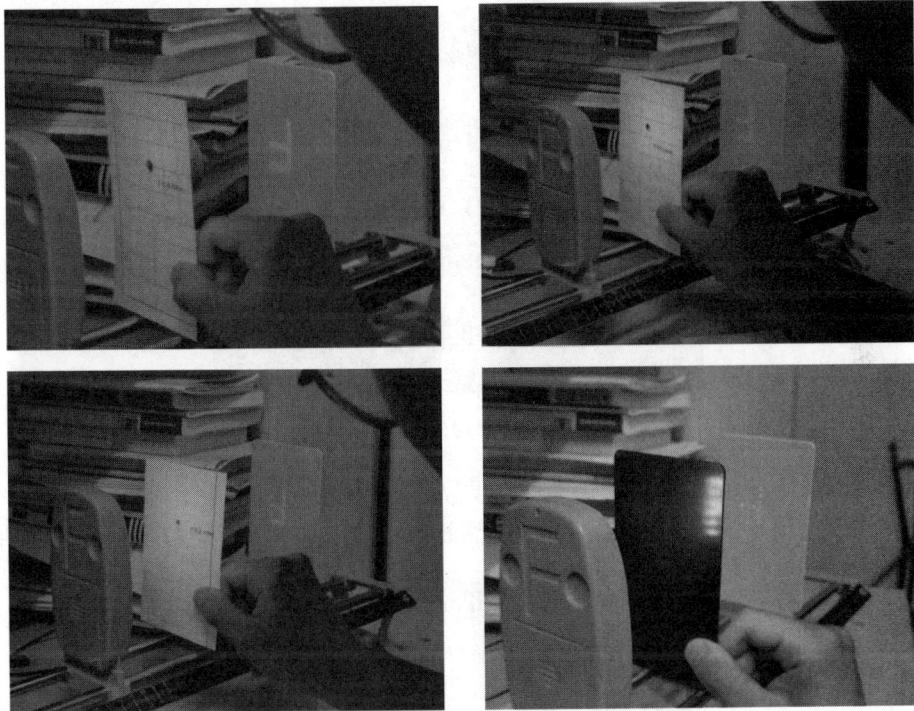

图 4-5　用带有不同孔径小孔的纸片进行多次实验

之后，将手机手电筒打开作为第二个光源，并与红光源间隔一段距离。调整光屏与红光源位置，使光屏上呈现出清晰、倒立、等大的 F 字样。而手电筒透过凸透镜在光屏上成的像则相对模糊。

随后，将红光源与光屏同时向远离凸透镜的方向微调，使光屏上的成像变得模糊，如图 4-6 所示。

图 4-6　使光屏上的成像变得模糊

　　在两个光源和凸透镜间放入孔径由小到大的纸片，纸片与凸透镜的间距保持 2.0cm 不变。先放置一个孔径为 2mm 的带孔硬板，测得此时光圈的 f 值约为 16.7。在此条件下，手电筒与红光源均在光屏上形成了清晰的像，如图 4-7 所示。

图 4-7　手电筒与红光源均在光屏上形成了清晰的像

　　再放入孔径为 4mm 的纸片，此时光圈的 f 值约为 8.3。在此条件下，红光源依然能在光屏上形成较为清晰的像，但是手电筒在光屏上成的像已经略显模糊了，如图 4-8 所示。

图 4-8　手电筒在光屏上成的像略显模糊

　　接着，我们分别尝试放入孔径为 6mm 和 8mm 的纸片，测得光圈的 f 值分别为 5.5 和 4.1。实验结果显示，成像效果的变化更为显著。红光源在光屏上成的像依旧清晰，而手电筒成的像比较模糊，如图 4-9 所示。

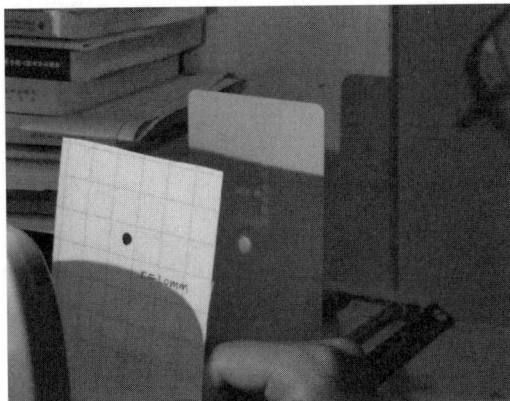

图 4-9　手电筒成的像比较模糊

　　最后，放入孔径为 14mm 的纸片，此时光圈的 f 值约为 2.4。此时可以看出，无论是红光源还是手电筒，在光屏上成的像都较为模糊，如图 4-10 所示。

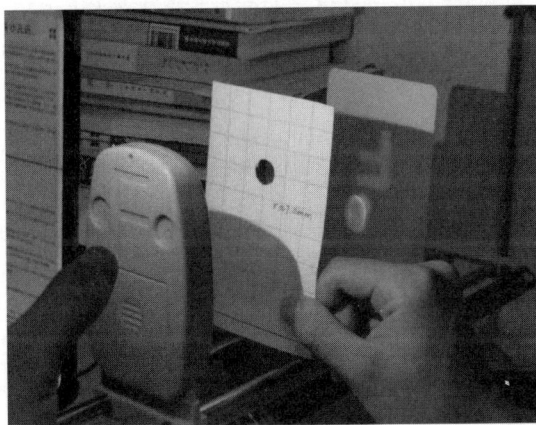

图 4-10　红光源和手电筒在光屏上成的像都较为模糊

　　这一系列的实验验证了前文中的观点，即在镜头焦距和拍摄距离不变的情况下，光圈孔径越小，景深越深；光圈孔径越大，景深越浅。

　　下面进行原理探究。

　　在探讨光圈大小为何对景深有影响前，先介绍一个概念——弥散圆。光线射入凸透镜时，理想的镜头应该将所有的光线聚集在一点，再将它们以锥状扩散开来，这个聚集所有光线的一点，就称为焦点。摄影时，必须对好焦点，景物才能变成清晰的像。而在焦点前后，光线开始聚集和扩散，像就会变得模糊，形成一个扩大的圆，这个圆就称为弥散圆，如图 4-11 所示。

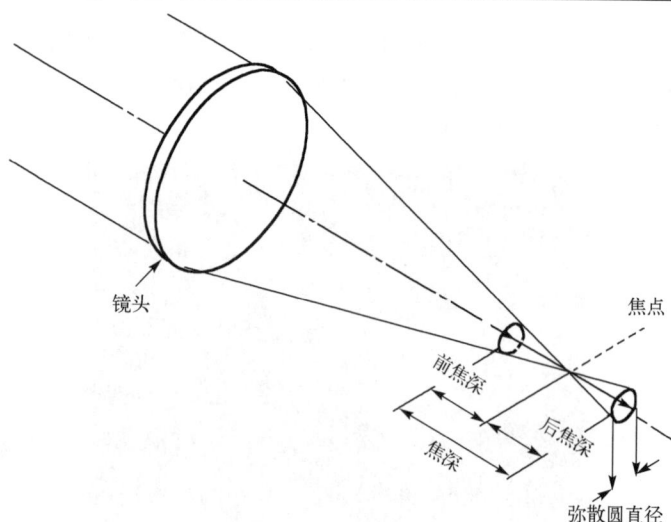

图 4-11　弥散圆的形成

拍摄时，当镜头对准某个位置调焦时，只有焦点位置所成的像是清晰的，在该位置前后，景物上的点所成的像都不是一个点，而是一个光斑，也就是弥散圆，如图 4-12 所示。鉴于人眼的最小分辨角约为 1 分（1/60°），若分辨角未超出此范围，人眼便无法区分真正的像点与弥散圆，故将弥散圆视作"像点"。也就是说，即便真正清晰的像实际上也只成像于焦点这一个点上，但由于人眼的分辨率是有限的，所以在我们眼中，一些极小的光斑也是"清晰"的。

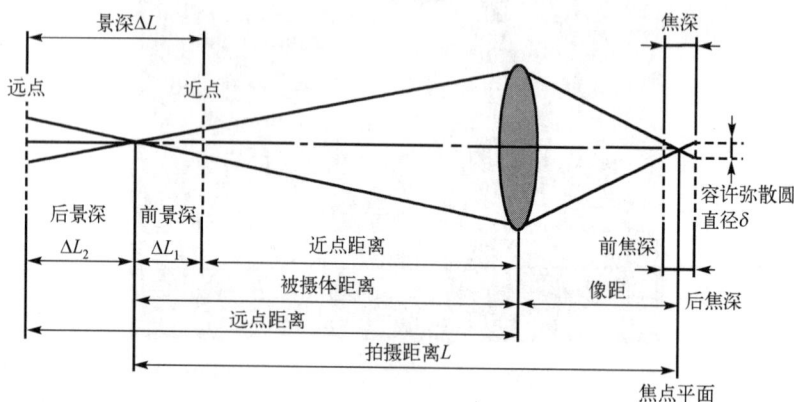

图 4-12　拍摄原理

图 4-12 中的 δ 是容许弥散圆直径，也就是人眼不能分辨出的最大弥散圆直径。在这个直径范围内，我们看到的像都是"清晰"的。

景深分为前景深与后景深两部分。前景深是焦点至近容许弥散圆的距离，而后景深则是焦点至远容许弥散圆的距离。也就是说，景深实际上就是远近两个容许弥散圆之间，人眼无法分辨"光点"与"光斑"的这段距离。设想一下，如果人眼的分辨率是无穷大，那么所有的照片都是"浅景深"照片，因为除焦点之外，我们看到的其余部分都是光斑。

回到我们最初的问题，为什么光圈大小会对景深产生影响呢？一旦理解了容许弥散圆直径与景深之间的紧密联系，这个问题便能轻松得到解答。当光圈孔径较大时，两道平行光之间的距离增大，导致光线在焦点附近交叉形成的角度变大，从而使得弥散圆直径迅速增大，因此景深较浅。相反，若光圈孔径较小，两道平行光之间的距离会减小，光线在焦点附近交叉的角度也随之变小，导致弥散圆直径增大，不易达到容许弥散圆直径，因此景深较深。

结合图 4-13，我们可以很直观地看出光圈大小对景深的影响。

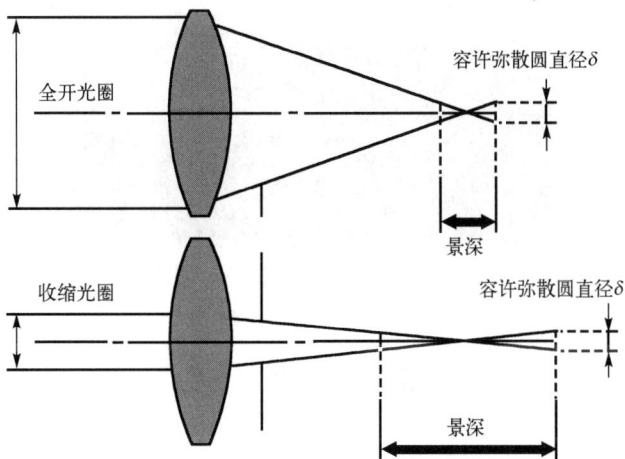

图 4-13　光圈大小对景深的影响

除摄影外，光圈的影响还可以在生活中的许多地方见到。比如，小猫的瞳孔在白天总是缩成一条线，到了晚上便会变成接近圆形，这是因为它通过调整光圈大小来调整看到物体的亮度。

4.2　计 时 日 晷

日晷是人们都比较熟悉的中国古代计时工具，如图 4-14 所示。其制作原理虽不复杂，但在实际应用中需要注意两个关键问题：影长变化与刻度均匀性。为确保晷针投影长度稳定且时间刻度均匀，赤道式日晷的晷盘需要严格与赤道面平行，此时晷盘与地平面的夹角应等于 90° 减去当地纬度。不过，在春分与秋分这两个特殊节气，太阳运行轨道与赤道面重合，阳光会直射晷盘侧面，导致晷盘无法形成投影，因此日晷在此期间无法正常计时。

水平式日晷采用另一种设计思路：其晷面水平放置，晷针与晷盘的夹角需要精确对应当地地理纬度。这类日晷的刻度划分需要通过三角函数计算确定，这种设计虽然适合在低纬度地区使用，但相较于赤道式日晷，其刻度制作

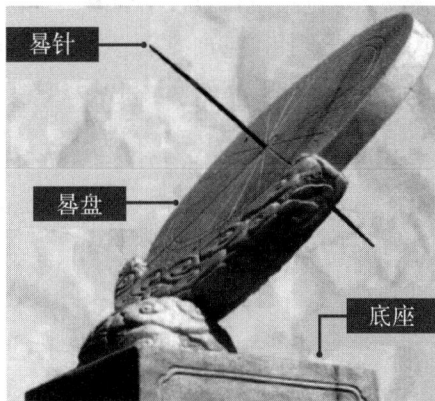

图 4-14　日晷

更为复杂，需要结合天文与几何学知识进行精密校准。

作为光学领域的一个有趣小实验，下面这个 3D 日晷，具有让人惊叹的巧妙设计。

法国工程师 Julldozer 利用 3D 打印技术制作了一款创新的日晷，如图 4-15 所示。其独特之处在于晷针上布满了透光孔。通过这些孔洞，阳光被投影成数字，从而在影子上显示出时间。这款日晷能够精确地显示从早上 10 点到下午 4 点的时间，每 20 分钟更新一次。

图 4-15　法国工程师 Julldozer 利用 3D 打印技术制作的日晷

4.3　纹　影　仪

纹影法是力学实验中一种常用的光学观测方法。其基本原理是利用光在被测流场中的折射率梯度与流场密度梯度成正比的特性，通过测量光线偏转程度间接反映气流密度的空间分布。该方法由 Toepler 于 1864 年首次提出，最初用于检测光学玻璃的折射率均匀性，现已广泛应用于观测气流的边界层、燃烧过程、激波传播、气体冷热对流以及风洞/水洞流场分析。

纹影仪是采用纹影法的光学测量仪器，具有结构简单、成像清晰度高、测量精度高等特点。其核心优势在于将人眼不可见的流体密度变化转换为可视化的光强分布图像，使得复杂流场特征（如激波形态、涡旋结构等）能够被直观记录。彩色纹影技术的发展，将纹影仪引入分光棱镜以实现多色成像，不仅提升了图像的美观度，还能通过颜色梯度更精细地表征密度变化特征。

纹影仪的原理如图 4-16 所示，光源和刀片均在距离凹面反射镜的 2 倍焦距处，如果凹面反射镜和光源之间充满均匀气体，光源发出的光会在刀口处成像（会聚）。如果刀片正好覆盖该点，则接收器记录不到图像。若凹面反射镜前的物体因加热导致折射率不均，部分光线将偏离路径，越过刀片边缘进入接收器。因此需要对刀片的位置进行精确调整，这可以用带有千分尺的支架固定后再进行调整。

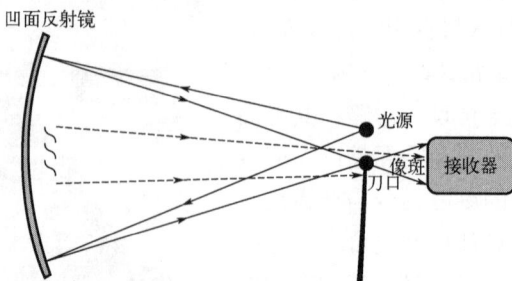

图 4-16　纹影仪的原理

4.4 三 原 色

自然界中绝大部分的彩色都可以由三原色适当组合形成，其中颜料的三原色包括红、黄、蓝。对于发光体来说，光学三原色分别为红、绿、蓝。

本实验的实验装置如图 4-17 所示，内置红、绿、蓝三色灯泡于白色玻璃罩内，我们通过调节各灯泡亮度，可在玻璃罩内混合出多种色彩。

图 4-17　三原色实验装置

4.5 黑 滴 效 应

在光线照射下，将两根手指缓缓相向移动，两指即将触碰的瞬间，你会观察到即使它们尚未接触，指缝间也会浮现出暗纹将两指悄然相连，仿佛有一滴无形的水悬在指尖——这便是物理学中描述的"黑滴现象"。该现象因光线在极近物体间发生衍射，使得人眼产生视觉暂留的错觉，形成了看似液体桥接的奇妙光影效果。

光的衍射现象揭示了一个奇妙规律：当物体尺寸与光的波长相近时（例如接近可见光的波长时），光波会突破直线传播的限制，在绕过障碍物或穿过小孔后形成明暗交替的条纹图案。而与之形成鲜明对比的黑滴现象，则是一种更易于肉眼观测的光学效应——当两个物体间距远大于光波波长时（此时衍射效应已可忽略），人们仍会观察到两物间隙浮现暗影相连的特殊现象，这种看似矛盾的视觉效果，实则源于人眼视觉暂留与光线边缘折射的协同作用，而不是传统衍射机制所能解释的。

其实，光源都不是严格的点光源，都会有一定体积，因此照射到物体上形成的影子就存在本影和半影，即光线被完全遮挡的部分形成黑色的本影，光线被部分遮挡的部分形成灰色的半影，半影由于颜色较浅，一般不易察觉。然而，当两物体影子重叠时，半影叠加导致颜色加深，从而显现为黑滴现象，如图 4-18 所示。

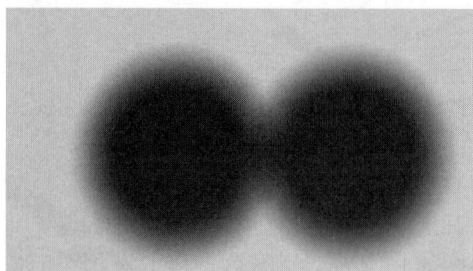

图 4-18   黑滴现象

4.6   手机分光计实验

分光计测量三棱镜折射率的实验是大学物理实验中操作难度较高的实验之一。虽然其核心原理（基于光的折射定律和最小偏向角法）在理论层面较为清晰，但传统分光计调节过程涉及望远镜调焦、载物台水平校准、游标读数等复杂操作，往往会导致学生因仪器调节困难而难以聚焦实验本质。

针对这一痛点，本实验提出一种创新性改进方案：采用手机手电筒作为光源直接照射三棱镜，通过观察光影分布和色散现象直观判断光路参数。具体操作流程如下（见图 4-19）。

（1）光路可视化调节：将手机光源对准三棱镜的一个光学面，采用掠入射法（入射角接近 90°）照射。此时在另一光学面可观察到明显的阴影区。

- 阴影区外侧边缘呈现彩色分光带，对应折射光线的出射方向；
- 阴影区内侧边缘反映入射光线的传播路径；
- 两边界线夹角即为实时测量的偏向角。

（2）最小偏向角判定：以三棱镜顶点 O 为轴心缓慢旋转棱镜，可观察到偏向角随角度变化呈现先减小后增大的规律。当旋转至某一临界位置时，偏向角达到最小值（最小偏向角），此时光路满足对称折射条件（入射角等于出射角）。在实际操作中可将三棱镜顶点 O 抵住固定物辅助旋转定位。

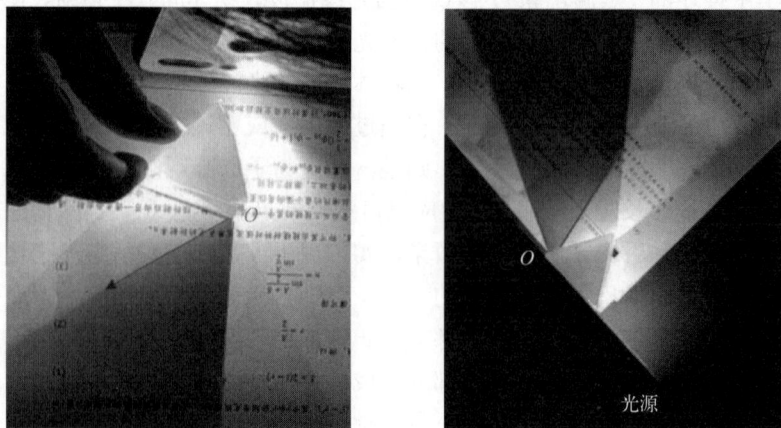

图 4-19   手机分光计实验操作流程

4.7 三棱镜的色散和白光复合

许多科普读物在演示三棱镜色散现象时会存在实验图示偏差问题。以典型参数为例，当三棱镜顶角为 60°、折射率 $n=1.6$ 时，根据最小偏向角公式计算可得其理论值约为 51°，但很多图示（见图 4-20）中，入射角普遍偏小，导致偏向角都是不对的。值得注意的是，牛顿色散实验的经典图示往往采用三棱镜倒置的特殊构型——这种设计虽与标准分光计实验中的正置摆放方式相悖，但能有效增强色散光谱的可观测性：倒置状态下折射光路更接近观察平面，使红移、蓝移现象的空间分离度提升约 30%。在教学演示中，应明确区分理论模型图示与实际观测方案的差异，避免初学者产生概念混淆。

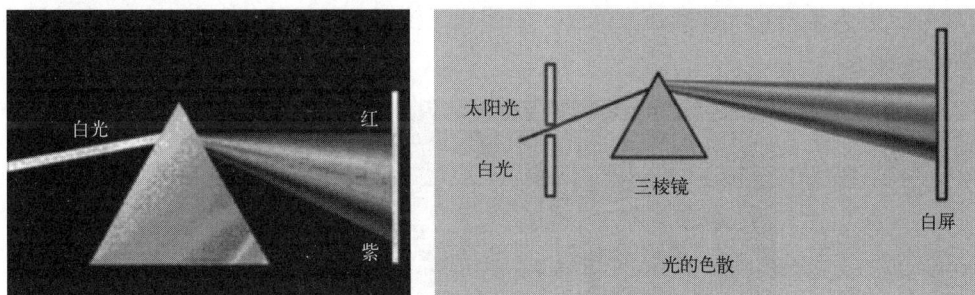

图 4-20 三棱镜色散现象示意图

有些实验者采用柱状三棱镜，这给我们呈现了一种新的实验方法，如图 4-21 所示。

图 4-21 采用柱状三棱镜的实验方法

下面探究复合白光实验。

根据光路可逆原理，人们直觉上可能会认为：若先通过三棱镜将白光分解为彩色光谱（红光偏折最小位于上方，紫光偏折最大位于下方），再让这束已色散的光垂直入射到倒置的三棱镜中，就能将彩色光复原为白光。然而通过仔细分析光路就会发现，这种设想存在根本矛盾——首次色散后红光、紫光的上、下分布，导致第二次三棱镜的入射光方向并未满足光路可逆条件。这就像试图用反向齿轮直接还原机器运转轨迹，却忽略了初始运动方向已发生改变。简单叠加两个相反方向的三棱镜，并不能实现光路的真正逆转。

其实，实现复合白光并不困难，比如可以在三棱镜后加一个凸透镜，移动光屏位置，当光线会聚于一点时，即可以得到白光，如图 4-22 所示，读者不妨一试。

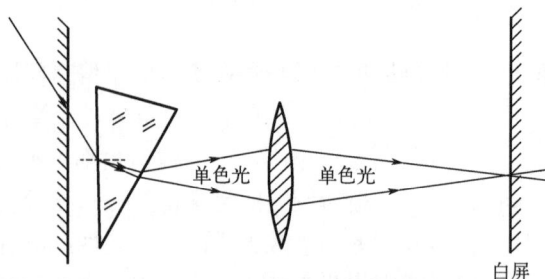

图 4-22 实现复合白光

此外，有人采用物理沙盘仿真软件，用四块三棱镜实现了彩色光复合成白光的演示，如图 4-23 所示。

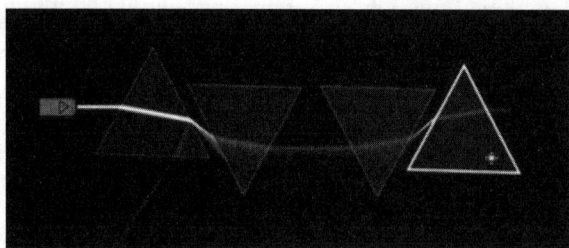

图 4-23 采用物理沙盘仿真软件实现了彩色光复合成白光

4.8 霓　虹

雨过天晴时，我们常常能看到一道彩虹横跨天际，这是因为太阳光在空气中的水滴里发生折射和反射，形成了七彩光谱。如果运气好，我们还能看到两道彩虹，其中一道色彩顺序与主彩虹相反，这是因为除常见的"虹"之外，还可能出现"霓"，即二级彩虹，它是由光线在水滴中发生两次反射而形成的。一般来说，上方是"霓"，下方是"虹"，"霓"的曲率半径较大，由于多经历了一次反射，因此"霓"的光强相对较弱。"虹"由外到里按红、橙、黄、绿、蓝、靛、紫的顺序排列，而"霓"正好相反。

"霓"和"虹"的形成原理如图 4-24 所示。

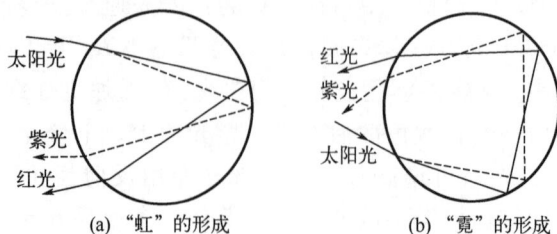

(a) "虹"的形成　　　　　　　(b) "霓"的形成

图 4-24 "霓"和"虹"的形成原理

要实现人造彩虹，可采用以下三种方法。

（1）喷雾法：在阳光充足时，背对太阳用喷雾器向空中喷洒水雾，调整观察角度即可在空气中看到一道彩虹。此方法利用水滴对阳光的折射、反射和色散原理，遵循自然彩虹形成机制。

（2）镜面反射法：将镜子以一定角度斜插入水中，使其朝向阳光，通过调整镜面倾斜度，可将折射后的光线反射到暗处的墙面，形成彩色光带。此方法通过水与镜面的双重作用模拟水滴的光学效果。

（3）手机屏幕水滴法：在手机屏幕上洒少量水滴，从不同角度观察屏幕，可看到红、绿、蓝三种基础色光。这是因为水滴对屏幕发出的光产生折射，而手机屏幕本身由这三种颜色的像素点组合而成，水滴的折射作用使单色光分离显现。

以上方法均基于彩虹形成的核心原理——光的折射、反射与色散，通过不同介质（水雾、水面、屏幕水滴）实现人工复现。

4.9 红外线传感演示仪

在电磁波谱中，波长介于 0.76μm 和 400μm 之间的波称为红外线，属于不可见光范畴。所有温度高于 0K（−273.15℃）的物体都会自发产生红外辐射，这种现象在现代物理学中称为热辐射。医用领域通常将红外线分为两类：穿透能力较强的近红外线（波长 0.76～1.5μm）和主要被体表吸收的远红外线（波长 1.5～400μm）。本实验重点进行红外线传感演示仪的应用演示。

红外线传感演示仪如图 4-25 所示，打开电源开关，左侧光源发出的白光经过圆柱体内的三棱镜，发生折射，形成七色光（以及看不见的红外线与紫外线等），将传感器移动至红外区，当传感器接收到红外线时，便可驱动蜂鸣器发出音乐声。

图 4-25 红外线传感演示仪

4.10 单反相机的裂像对焦

单反相机的取景光路图如图 4-26 所示，光从镜头入射到反光镜上（快门未开启状态），被反射后成像于聚焦屏上，然后经五棱镜转向后从目镜射出，可由拍摄者通过取景框直接观察到。

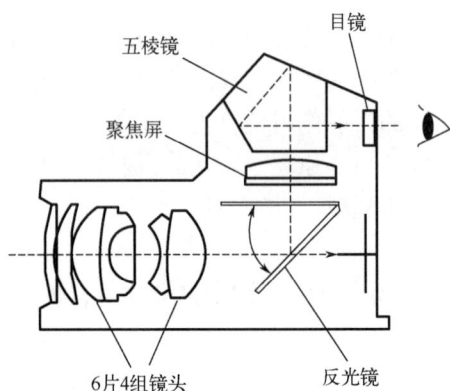

图 4-26　单反相机的取景光路图

聚焦屏通常由毛玻璃屏、五棱锥环和光楔对三部分构成，这三者的协同作用形成了相机的复合调焦系统。整个聚焦屏采用光学塑料一体压制成型，其中除中心圆环区域外，主体材质为毛玻璃。当未准确对焦时，取景器中的影像会呈现模糊状态；随着焦点逐渐接近毛玻璃屏的理想焦平面，图像清晰度将显著提升。

由于传统磨砂玻璃面的微观起伏难以精确辨识焦点临界状态，现代聚焦屏在中心区域采用多面体微型角锥阵列（如五棱锥环）进行优化。这种微棱结构通过光学折射原理工作：当焦点准确落在棱锥顶点时，影像保持完整清晰；若存在焦点偏移，被摄物轮廓会呈现破碎闪烁现象，该特性尤其适用于缺乏明显线条轮廓的拍摄对象。

光楔对作为精密调焦组件，由两个半圆柱体构成，其迎光端面设计有楔角为 5°～15° 的交错楔形结构。这种特殊几何形态通过光线折射差异，为摄影师提供更直观的焦点偏移视觉反馈，与微棱锥环形成互补的调焦判断体系。

根据光学成像原理，在旋转调焦环的过程中，像的位置会经历三种状态：焦点前、对焦、焦点后。如图 4-27 所示，当像点处于焦点前位置时，其发出的光线通过上半部光楔的前表面后，会形成虚像；与此同时，该像点在下半部光楔中经历类似的光路折射，最终在另一位置形成虚像。这种双重折射过程导致同一像点 S 穿越聚焦屏时，会分裂为上、下两个虚像，且这两个虚像在焦点前后的分离方向呈现相反的位移特征。只有当像的位置精确位于聚焦屏上时，上下虚像才能无错位地重合，从而形成完整的物像。

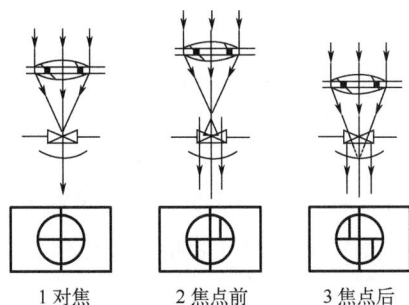

1 对焦　　　　2 焦点前　　　　3 焦点后

图 4-27　调焦过程

4.11　倒车膜（菲涅耳透镜）

汽车视野盲区引发的交通事故屡见不鲜，如何扩大驾驶员的可视范围成为重要课题。当在课堂上提出这个问题时，学生们往往难以回答。其实答案就藏在日常佩戴的近视眼镜中——其采用的凹透镜具有发散光线、扩大视野的特性。基于类似原理设计的倒车膜可显著扩大驾驶员对车尾地面的观察角度。

这种倒车膜本质上是一种菲涅耳透镜（又称螺纹透镜）。菲涅耳透镜由法国物理学家奥古斯汀·菲涅耳于 1822 年发明，如图 4-28 所示。其核心原理是将传统透镜的连续曲面"坍缩"为平面结构：从剖面观察，透镜表面由一系列锯齿状凹槽构成，中心区域呈现椭圆形弧线。每个凹槽的角度经过精密设计，既能独立作为微型透镜调整光线（发散或聚光），又能协同作用形成统一焦点，有效消除球面像差。值得注意的是，倒车膜采用的特殊菲涅耳透镜属于凹透镜类型，通过负焦距扩大视野范围。

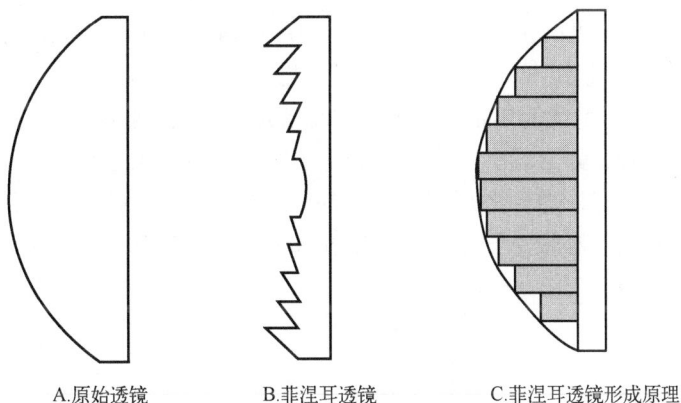

A.原始透镜　　　　B.菲涅耳透镜　　　　C.菲涅耳透镜形成原理

图 4-28　菲涅耳透镜示意图

相较于传统凸透镜，菲涅耳透镜通过保留关键折射曲面、去除多余材料的方式，在实现相似光学效果的同时大幅减小厚度和质量。这种结构特性使其既能保持光线投射的均匀性，又便于安装在有限空间内，完美适配汽车后窗的安装需求。

与玻璃透镜相比，菲涅耳透镜更薄，能够节省材料。本实验采用的菲涅耳透镜由聚烯烃材料注射压缩而成,轻薄柔软,甚至可以随意翻折。但菲涅耳透镜的成像质量相对有限,因此更适用于对精度要求不那么严格的应用场景。

在红外线探测器的应用中,菲涅耳透镜作为核心光学元件发挥着关键作用,如图 4-29 所示。其工作原理基于特殊的光学设计:通过表面刻录的同心圆纹路,将探测区域划分为交替排列的"盲区"和"高灵敏区"。当人体移动经过探测区域时,其散发的红外辐射会交替穿过不同分区——进入高灵敏区时红外信号被聚焦增强,进入盲区时红外信号被抑制。这种周期性变化使传感器接收到的信号呈现脉冲式波动,通过信号处理系统可放大有效信号幅度。该设计不仅显著提升了探测灵敏度(探测距离可达 8m 以上),还能通过调整分区结构实现抗干扰和方向性控制。

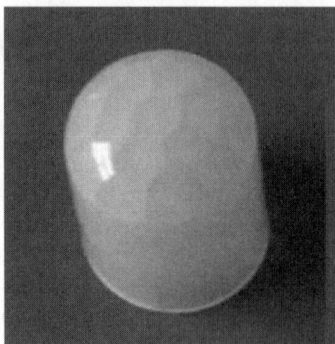

图 4-29　红外线探头上的菲涅耳透镜

4.12　猫　眼

在 4.11 节关于倒车膜的讨论中,有人提出利用"猫眼"实现广角观测。

猫眼由两个共轴透镜组成:外侧为凹透镜(物镜),内侧为凸透镜(目镜)。其光学参数具有特殊匹配关系:目镜的焦距需要大于物镜的焦距(通常物镜焦距不超过 1cm,目镜焦距约 3cm),且目镜焦距必须大于或等于物镜焦距与两镜间距之和。

如图 4-30 所示,室外物体 AB 经物镜形成缩小的正立虚像 $A'B'$,该虚像再通过目镜被放大为虚像 $A''B''$。由于猫眼总长度通常不超过 4cm,即便物体靠近物镜,最终虚像 $A''B''$ 与人眼的距离仍能保持在 10cm 以上(明视距离),因此室内观察者可清晰辨识室外物体。

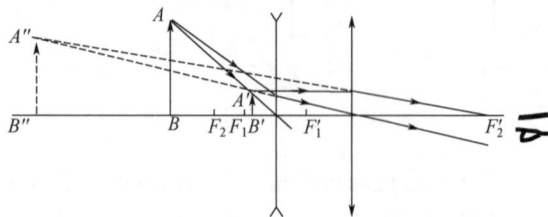

图 4-30　从室内用"猫眼"观察室外

特别需要注意的是,若目镜焦距小于物镜焦距与两镜间距之和(物镜焦点位于目镜焦点外侧），当物体距离物镜较远（通常为1～2m）时，物镜产生的虚像会紧贴其焦点内侧，并落在目镜两倍焦距之外。根据凸透镜的成像规律，此时将形成实像于观察侧，而人眼无法直接捕捉实像。当目镜焦距恰好等于物镜焦距与两镜间距之和时，物镜焦点与目镜焦点重合，此时系统等效于伽利略望远镜，可实现双向观察功能。

人在室外向室内看，凸透镜是物镜，凹透镜是目镜。如图4-31所示，因为目镜（凹透镜）的焦距很短，第一次形成的像$A'B'$到目镜的距离大于$2F_1$（目镜的焦距），第二次形成的像$A''B''$离目镜的距离应在F_1和$2F_1$之间，即像$A''B''$离目镜的距离只有1～3cm。这样，人在室外靠近猫眼看，像$A''B''$到人眼的距离小于明视距离的近点，所以看不清楚。若观察者远离猫眼，虽然像距超过近点，但进入人眼的光线强度大幅衰减且视角过小（小于1角分），同样无法有效识别图像。

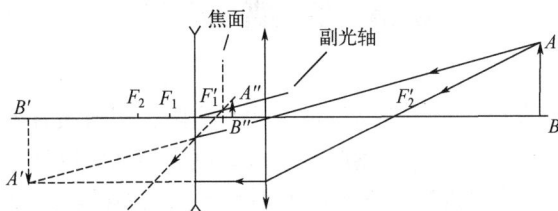

图4-31 从室外用"猫眼"观察室内

实际上，为了扩大观察范围，真正的猫眼中往往有多组凹透镜。现实中，还有人研发出了反猫眼装置，这使得室外人员能观察到室内情况。对此感兴趣的读者，不妨探究其光路原理。

4.13 双 折 射

双折射是指当光束入射到各向异性晶体上时，一条入射光线分解为两条折射光线的现象。例如，将透明的方解石晶体（冰洲石）置于书本上，可观察到文字呈现双重影像，这是双折射现象的直观表现。当光线垂直入射到晶体表面上时，若以入射方向为轴旋转晶体，其中一束光（寻常光，即o光）始终保持原方向传播，而另一束光（非常光，即e光）会绕o光旋转。根据折射定律，当入射角为0°时，o光严格遵循折射定律沿原方向传播；而e光因折射率随方向变化，其传播路径偏离原方向且不满足常规折射定律。

双折射现象的本质在于晶体内部各向异性导致的光学性质差异：o光在晶体各方向上具有相同的折射率和传播速度，而e光的折射率和光速会随传播方向改变。值得注意的是，当光沿特定方向（称为光轴）传播时，双折射现象消失。

仅含单一光轴的晶体（如方解石、石英）称为单轴晶体，而具有两个光轴的晶体（如云母、蓝宝石）则属于双轴晶体。这一现象不仅揭示了光与物质相互作用的复杂性，也为偏振器件设计和晶体材料分析提供了重要理论基础。

假设在一单轴晶体内部有一子波源O，根据惠更斯原理，在各向异性单轴晶体中，从波源发出的两组惠更斯子波分别对应于寻常光和非常光。寻常光的波面是球面，表示其在各方向上的光速相等，称为 o 波面；而非常光的波面是旋转椭球面，表示其在不同方向上的光速不相等，称为 e 波面。当晶体的 e 波面为旋转椭球面时，该晶体称为单轴晶体。在垂直光轴方向，若非常光的光速大于寻常光的光速，则该单轴晶体称为负晶体；若非常光的光速小于寻常光的光速，则该单轴晶体称为正晶体。

在单轴晶体中，某光线的传播方向和光轴所组成的平面称为该光线的主平面，寻常光的振动方向垂直于主平面，非常光的振动方向在其主平面内，寻常光和非常光都是线偏振光。实验用的方解石晶体为单轴晶体，光轴为棱的角分面的交线。因此，当光束垂直照射到方解石表面时，寻常光会保持直线传播，而非常光会沿着折线路径传播，可以用偏振片观察两束光线的偏振态。

4.14 穿墙而过

本实验是一个现象直观且极具趣味性的光学小实验。实验装置采用透明圆柱管，其内部看似存在一块黑色挡板，但实际观察时会发现黄色乒乓球可以轻松穿透该"挡板"而完好无损，如图 4-32 所示。初次观察的学生往往不能意识到挡板并非实体，会觉得十分惊讶，因为其在视觉上呈现出的遮挡效果确实异常逼真。然而，当我们打开圆柱管两端的盖子后，通过管口观察可证实，圆柱管内部并无真实挡板存在。

图 4-32　穿墙而过实验装置

这一神奇现象源于光的偏振特性：圆柱管两侧分别贴有偏振方向互相垂直的偏振片。当光线通过其中一侧的偏振片后形成偏振光，由于另一侧偏振片的偏振方向与之垂直，光线无法穿透，从而形成类似实体挡板的视觉遮挡效果。黄色乒乓球能自由穿透，则是因为其表面反射的非偏振光仍能通过偏振片组合。

本实验的实验装置制作简便：选用市售大尺寸偏振片（如线性偏振片），并将其裁剪为适配圆柱管内径的圆形，然后将它们分别以正交方向粘贴于圆柱管两端。采用一次性透明试管作为圆柱管，不仅成本低廉，还能实现教学演示。整套实验装置制作过程仅需 5 分钟左右，非常适合作为课堂互动实验，让学生在动手实践中理解偏振现象的本质。

4.15 光 通 信

光作为信息传递的重要载体，其通信技术的历史可追溯至 19 世纪。早在无线电通信技术诞生之前，贝尔（Bell）便于 1880 年通过光电话实验开创了光通信的先河。该实验以太阳光为光源、大气为传输介质，利用硒晶体作为光接收器件，成功实现了 213m 的语音信号传输。其核心原理是通过声源震动改变反射镜片的偏转角度，使激光束的反射路径随之变化，光电池将接收到的动态光信号转换为电信号，最终由扬声器还原为声音。

光纤通信作为现代光通信的主流技术，展现出显著优势。

超大容量与超远距离：单根光纤的理论带宽可达 20THz，400Gbit/s 系统已投入商用。以 1.55μm 波段的石英光纤为例，其损耗低于 0.2dB/km，无中继传输距离可达上百千米。

抗干扰与安全性：光纤不受电磁干扰，且光信号难以从纤芯中泄漏，具备天然保密性；

物理特性优越：微米级纤芯直径，重量轻，材料成本低（石英为主），便于大规模铺设。

环保节能：光纤替代传统铜缆可减少有色金属消耗，生产过程更环保。

然而，光纤仍存在局限性：质地脆、机械强度低，弯曲半径需大于 20 厘米；熔接需专用设备，分路耦合灵活性不足。这些特性使得光纤在施工维护中具有更高技术要求，且自然灾害易导致线路中断。

4.16 从红绿立体图到视差

随着科技的进步和观众对高质量观影体验需求的增长，3D 电影已经广泛普及。如今，观众不仅在电影院能体验到身临其境的感觉，而且在家能通过家庭影院系统享受到 3D 电影效果。本节将展示 3D 成像的基本原理。

3D 成像的原理本质上是人类双眼的视差效应。由于两只眼睛在水平位置上存在约 6.5cm 的间距，当观察同一物体时，左右眼会从不同角度捕捉到略有差异的画面。这种微小的图像差异称为"视差"，大脑通过整合这两幅二维图像，自动合成出具有深度信息的三维立体视觉图像。正是这种立体感知能力，使得人类能够精确判断物体的空间位置和距离。

举个直观的例子：当闭上一只眼尝试将双手指尖对碰时，由于失去了双眼提供的立体视差信息，大脑无法准确判断指尖的空间位置关系，因此这个动作变得比较困难。这种现象验证了双眼视差在三维空间感知中的关键作用——通过比较左右眼图像的差异，大脑能计算出物体的深度。这种生物视觉机制也被广泛应用于 3D 技术中，如 3D 电影是通过两台摄影机模拟双眼视差来拍摄的，再配合偏振眼镜即可实现立体视觉效果。

在网络上找一张红绿立体图，仔细观察红绿立体图，可以发现其画面的特征部位都是用红绿两种颜色绘制的，并有一定距离，当戴上红绿眼镜时，人们的一只眼睛只能看到红光，而另一只眼睛只能看到绿光，双眼看到的画面略有不同，这样看到的就是一个立体感很强的画面。红绿立体图不仅限于静态画面，如今在网络上，你还能轻松找到众多精彩的红绿立体视频。

红绿立体图具有制作成本低廉、成像原理直观易懂的优势。然而，由于红绿滤光片会过滤掉其他波长的光线，因此画面色彩还原度低，无法完整呈现原始色彩信息。这种现象源于滤光片的物理特性——红色镜片会屏蔽红色以外的光线，绿色镜片则会屏蔽绿色以外的光线。

可以用一个简单的实验来说明这种视差立体现象。取一张白纸，在上面画好两个相距 2cm 的小圆圈，然后在右边（或左边）的小圆圈附近做一个记号，例如，写一个"3"字。取一张黑纸片，垂直放在两个小圆圈连线的垂直平分线上。观察时，由于黑纸片的遮挡，左眼只能看见左边的小圆圈，右眼只能看见右边的小圆圈和作为标记的"3"字。最初，我们还能看见白纸上有两个小圆圈；接着，两个小圆圈很快地靠近，最后汇合成一个小圆圈，我们会感觉到小圆圈并不是位于纸上的，而是移到纸后面去了，而"3"字仍停留在纸上，没有移动，如图 4-33 所示。这时，我们看到的已不是一张平面图像，而是有前有后的立体图像。

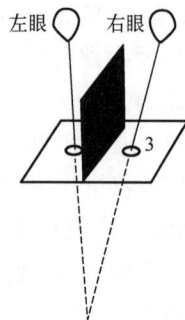

图 4-33 用一个简单的实验来说明视差立体现象

4.17 光栅立体变换画

立体相片与平面相片的核心差异在于，立体相片表面覆盖了一层柱镜光栅。这层光栅的特殊之处在于，它能确保平面上任意一点的光线仅按特定方向射出，而非向四周散射。如图 4-34(a)所示，设 A、B 为特征相同的两个点，如果 A 点发出的光线只能到达左眼，而 B 点发出的光线只能到达右眼，人眼凭这两条光线就会形成一种错觉，认为这两点是一个点 C，C 点在平面以下，即形成远景。同理，若 A 点发出的光线只能到达右眼，而 B 点发出的光线只能到达左眼，如图 4-34(b)所示，人眼就会认为 C 点浮在平面上，即形成近景。

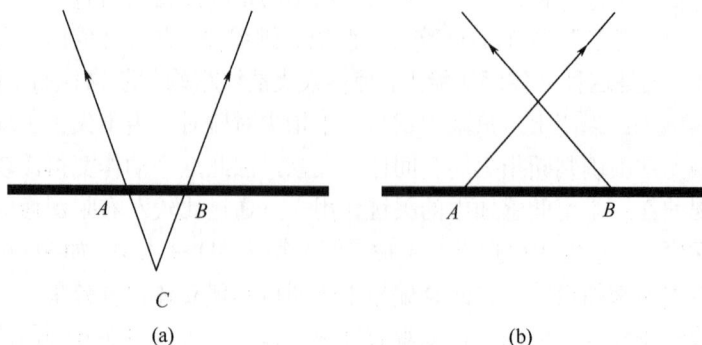

(a)

(b)

图 4-34 远景与近景的形成

柱镜光栅的作用如图 4-35 所示,它能使平面上不同点的图像所发出的光线的射出方向被限制在一个特定的范围内。图中,O 为柱面轴心,A 点的像只能沿 AOA' 射出,偏离 AO 方向的光线因柱面的折射而不能进入人眼,D 点的像只能沿 DOD' 射出。这样可使进入左、右眼的像不同。

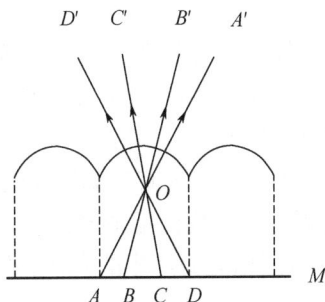

图 4-35　柱镜光栅的作用

4.18　白光全息图

全息照相是一种无须传统透镜的两步成像技术,其核心原理是,通过物光与参考光的干涉效应,在感光胶片上记录下错综复杂且透明度各异的干涉条纹(即全息图)。这种干涉条纹本质上将胶片转换为一种不规则的光栅结构。在再现阶段,通过特定照明光对全息图的衍射作用,可将被"冻结"的三维影像重新激活,呈现出与实物完全一致的立体视觉效果。

全息照片具备两大显著特性:首先,其真实的三维成像效果允许观看者通过调整视角观察到被后方物体遮挡的细节,这种多角度呈现能力源自全息技术对物体全部几何特征信息的完整记录。其次,全息图具有极强的容错性,即使照片碎裂,每个碎片仍能完整再现原物体的全部信息,这得益于全息记录方式的分布式信息存储特性。

常规全息拍摄需使用单色相干光源(如激光),因此得到单色图像。而白光全息技术通过叠加多个单色全息图层实现彩色显示,但该过程涉及复杂的光学合成工艺,导致制作成本显著增加。这种技术突破使得全息影像在增强现实、医学成像等领域展现出更逼真的应用潜力。

常用的全息拍摄装置如图 4-36 所示。

图 4-36　常用的全息拍摄装置

4.19　普 氏 摆

普氏摆效应是由德国物理学家卡尔·普尔弗里希于 1922 年发现的特殊视觉效应。当用绳子悬吊的单摆在平面内做往复摆动时，若用茶色镜遮住一只眼睛并用双眼同时观察，原本的单摆轨迹会被感知为椭圆形轨迹。其原理在于：人眼通过双眼视差感知立体感，正常状态下，大脑会融合双眼图像形成空间感。

实验中，光衰减镜会减弱一侧眼睛的光强，导致该侧视觉信号延迟几毫秒。这种延迟使得双眼在同一时刻接收到的摆球位置信息不同步。例如，如图 4-37 所示，左眼佩戴镜片时，左眼看到的影像实际上是稍早时刻的摆球位置，而右眼则看到实时位置。大脑会将这种差异解读为物体在三维空间中的位移：当摆球向左运动时，延迟的左眼影像会让大脑误判摆球处于更远的位置；向右运动时则误判为更近的位置。这种连续的误判最终导致单摆的直线往复运动轨迹被感知为顺时针椭圆形轨迹，如图 4-38 所示。若将光衰减镜反转 180º（右眼佩戴镜片），则会形成摆球做逆时针椭圆运动的错觉。这种现象称为普尔弗里希效应，揭示了人类视觉系统在处理时间延迟信息时产生的立体感知机制。

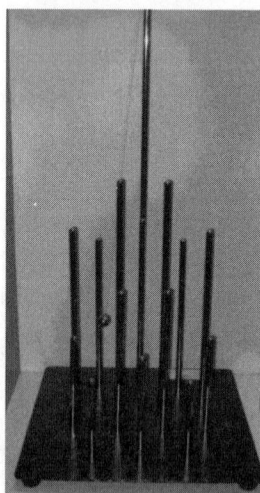

图 4-37　普氏摆示意图

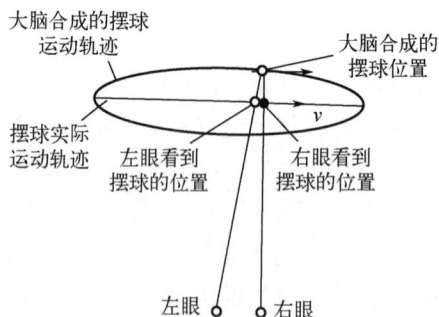

图 4-38　单摆的直线往复运动轨迹被感知为顺时针椭圆形轨迹

在我们的实验中，有两个问题值得读者思考。一是若我们摘下眼镜侧过脸去观察，双眼的光程就有了差异，是不是也能看到类似普氏摆的现象呢？二是普氏摆的金属柱子的作用是什么呢？

4.20　光 的 衍 射

光的衍射现象，包括菲涅耳衍射和夫琅禾费衍射，是光波动性质的体现。菲涅耳衍射通常发生在光源-衍射屏、衍射屏-接收屏之间的距离为有限远的情况下，而夫琅禾费衍射则发生在远场位置，即观测点位于圆孔或狭缝的远场位置的情况下。这两种衍射现象说明了光的直线传播规律只是在衍射现象不显著时的近似结果。

光的衍射实验装置如图 4-39 所示。

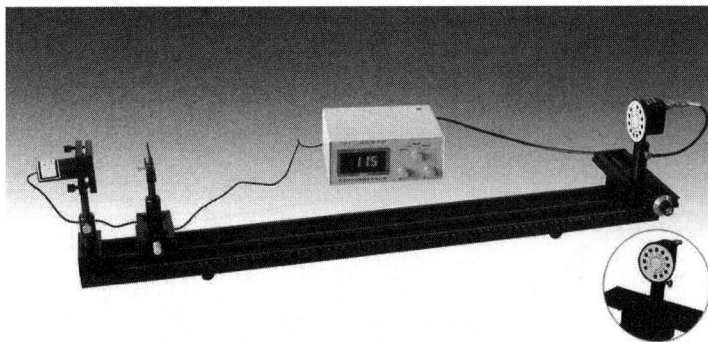

图 4-39　光的衍射实验装置

调节好实验光路，使激光通过各个缝元件，观察各个缝元件产生的衍射图样。选取 0.2mm 的缝光缆进入激光探测位置，转动一维位移架，使探头从一端向另一端探测，并记录下光探头位置和光功率指示值的对应关系，验证光强分布与波长和缝参数的关系。

4.21　双棱镜干涉

双棱镜干涉实验装置如图 4-40 所示。

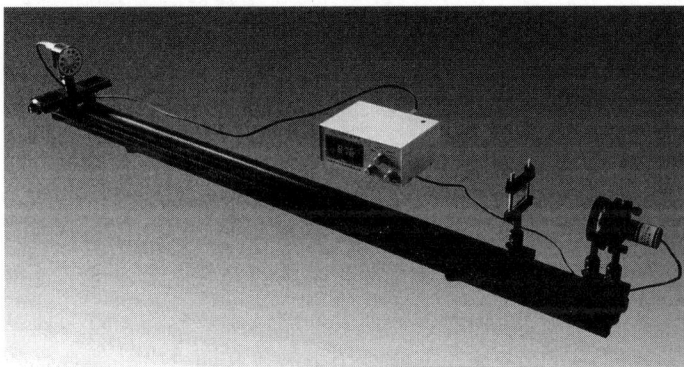

图 4-40　双棱镜干涉实验装置

菲涅耳双棱镜可以视为由两块底面相接、棱角很小的直角棱镜合成的。当单色光源 S_0 从棱镜正前方照射时，射出的光经双棱镜折射，成为两束相重叠的光，这相当于光源 S_0 的两个虚像 S_1、S_2 射出的光（相干光），在两束光相重叠的区域内，会产生明暗相间的干涉条纹，如图 4-41 所示。

调节好实验光路，使激光器位于导轨一端，12 挡光探头位于导轨另一端。在激光器前放置凸透镜（紧贴滑块）。在透镜前 10mm 处放置双棱镜。用白屏在光探头处观察激光光斑，在中央部分可观察到竖直的干涉条纹。前后移动双棱镜，可观察到条纹的粗细和数量都会变化，使干涉条纹的数量变为五条左右，用一维位移计和光功率指示计测量出干涉条纹之间的距离，再利用干涉理论求出相关参数。实验中，可以将光源 S_0 距双棱镜的距离增大，观察干涉条纹将有何变化。

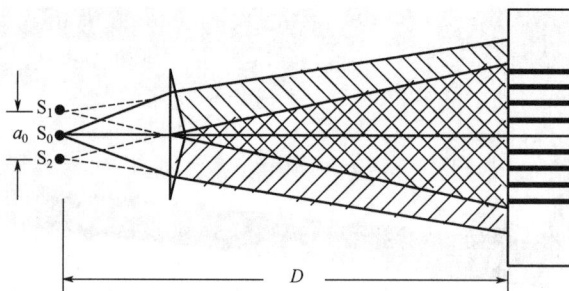

图 4-41　菲涅耳双棱镜产生明暗相间的干涉条纹

4.22　光 的 偏 振

光是一种横波，具有偏振的特性，它的振动方向与传播方向是相互垂直的。根据振动方向的不同，其一般分为线偏振光、椭圆偏振光和自然光等。为了获取线偏振光，我们通常利用偏振片对自然光进行起偏操作。如果两个偏振片的偏振方向相互垂直，则没有光能通过这个组合。而当两个偏振片的偏振方向不完全垂直时，将会有部分光能通过这个组合。而当两个偏振片的偏振方向存在夹角 α 时，透射光强 I 将遵循马吕斯定律：

$$I = I_0\cos^2\alpha \qquad \alpha \text{ 为偏振面夹角}$$

其中，I_0 为入射偏振光强度。这一规律在光学器件设计（如 3D 眼镜、液晶显示器）和光强测量中具有重要应用价值。

在进行马吕斯定律的实验验证时，首先，需要将激光器、起偏器、检偏器、功率计及探头依次安装在导轨上，如图 4-42 所示。接着，调整激光器的方向和起偏器的高度，确保激光能够尽可能地通过起偏器的中心，并被功率计和探头接收。实验中，通过旋转检偏器并记录不同角度下的功率值，可以得到角度与功率的关系曲线。这一过程有助于验证马吕斯定律，即入射光振动方向与检偏器主截面之间的夹角余弦的平方与通过光电探测器探测到的光强成正比。我们还可以考虑，怎样利用半波片和四分之一波片判断入射光是线偏振光还是椭圆偏振光。

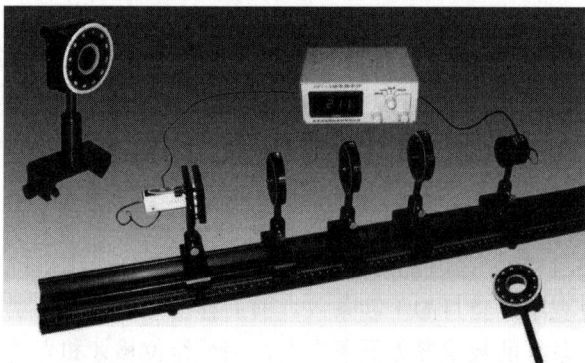

图 4-42　马吕斯定律的实验验证装置

4.23 偏振光干涉演示仪

偏振光干涉演示仪及其产生的图案效果如图 4-43 所示。

图 4-43 偏振光干涉演示仪及其产生的图案效果

白光光源发出的光透过第一个偏振片后会变成线偏振光。线偏振光通过不同的模型后产生应力双折射，变成有一定相位差且振动方向互相垂直的两束光。这两束光通过外层的偏振片后成为相干光，发生偏振光干涉。调整外层偏振片的角度，即改变两个偏振片偏振方向的夹角，会进一步影响不同波长光线干涉后的强度，从而导致图案颜色的变化。

对于蝴蝶、飞机、花朵等模型，由于应力均匀，双折射产生的光程差由厚度决定，各种波长的光干涉后的强度均随厚度而变，故干涉后呈现与层数分布对应的色彩图案。

对于三角板和曲线板等模型，由于它们的厚度保持一致，双折射产生的光程差主要取决于残余应力的分布。因此，不同波长的光线在干涉后，其强度会随着应力分布的变化而变化，最终呈现出与应力分布相对应的、不规则的彩色条纹。条纹密集的地方是残余应力比较集中的地方。

当我们挤压 U 形尺时，其干涉条纹的变化与三角板和曲线板相似，但关键在于其应力是实时动态变化的，而非残余应力。因此，条纹的色彩和疏密程度会随着外力的变化而实时变化。利用偏振光的干涉，我们可以考察透明元件是否受到应力以及应力的分布情况。

不打开光源，从仪器上方看仪器内的两种图案，可以看到它们都是由无色透明的材料制成的；打开光源，可以观察到视场中各种图案偏振光干涉的彩色条纹；旋转面板上的旋钮，可以观察到干涉条纹的色彩也随之变化；把透明 U 形尺从窗口中放入，观察不到异常，用力握 U 形尺的开口处，会立即看到在尺上出现彩色条纹，且疏密不等；改变握力，条纹的色彩和疏密分布也会发生变化。

在实际工程中，众多大型构件需承受巨大的外力，导致内应力分布不均，容易引发断裂等缺陷，因此在设计阶段需加以预防。请读者查阅相关资料，探索一种能够预测上述缺陷的光学方法。

4.24 光学幻影

光学幻影是利用光学原理（如反射、折射、干涉等）人为制造的特殊视觉效果，使观察者看到实际不存在或与物理现实不符的影像。它通过巧妙设计的光路或光学元件，让光线呈现出违背常规认知的传播路径，从而形成欺骗人眼的虚像。光学幻影常见的表现形式包括悬浮影像、虚实结合的空间场景或动态光影效果。

光学幻影的典型演示实验是"悬浮红花"实验，其直观展示凹面镜成像规律。

根据几何光学原理，当物体位于凹面镜的曲率中心 O（物距等于曲率半径 R）时，会在曲率中心另一侧生成与物体等大且倒立的实像。这是因为凹面镜的焦距 f 为其曲率半径的一半（$f=R/2$），当物距为 2 倍焦距（对应 $R=2f$）时，根据凹面镜成像公式

$$1/u + 1/v = 1/f$$

此时像距 v 也与物距 u 相等（$v=2f=R$），且横向放大率 $m=-v/u=-1$，表明像与物大小相同但方向颠倒。因此，若将红花置于曲率中心 O 下方的位置，其像会出现在曲率中心 O 上方的对称位置，表现为大小相等的倒立实像而非正立像。

在实验中，打开幻影演示仪电源，即可观察到一朵旋转着的美丽的红花（如图 4-44 所示）；伸手触摸红花，发现并没有实物。但是向窗口下方看，可以看到实物小红花。观察时，观察者应站在正对着仪器有一定距离的位置。

图 4-44　在幻影演示仪中观察到一朵旋转着的美丽的红花

4.25 频闪-视觉暂留

当物体进行快速运动（如振动、波动、转动或一次性高速运动）时，其运动过程往往超出人眼的观察能力范围，导致我们无法完整捕捉运动全过程并掌握其规律。这种现象主要源于人眼的视觉暂留效应：当人眼观察到发光物体时，物体的影像会在视网膜上短暂留存，并通过视觉神经传递到大脑形成视觉感知。由于人眼的生理特性，即使物体已消失，

其影像仍会在视网膜上保留 0.1～0.4s 的时间。

在观察高速运动的物体时，过去与当前的影像会在视网膜上叠加，形成连续的模糊画面。这种视觉暂留效应不仅是电影、动画等视觉媒体技术的基础，也揭示了人类感知运动的生理与心理机制。现代研究进一步表明，运动感知不仅涉及视网膜的生理特性，还与大脑的认知处理密切相关。

频闪仪是一种通过调节闪光频率并按固定间隔发出瞬间闪光的设备，可用于观察高速运动物体的动态规律。其工作原理如下：当频闪仪的闪光频率与被观测物体的周期运动频率一致时，高速运动的物体会因总是在同一位置被照亮而呈现出"静止"图像，从而便于人们观察其瞬时运动状态；当闪光频率与物体运动频率存在微小差异时，由于每次闪光捕捉的是物体在不同运动周期中相邻位置的图像，重组后会形成"慢速周期"运动影像，以此突破视觉暂留效应的限制，使观察者能够清晰掌握物体的运动规律。

实验所用的频闪仪如图 4-45 所示。先打开电机旋钮，观察电机转动前的每个小台阶上红棒的位置。等到电机转速达到一定值后，再打开频闪灯，观察红棒，发现它在做上下台阶运动；此时调节频闪仪的闪光频率，使照在台阶上的白色条纹出现静止、正转、反转等情况。

图 4-45　实验所用的频闪仪

第 5 章　电　磁　学

5.1　同磁极相吸

　　磁铁具有两个磁极，遵循"同名相斥，异名相吸"的基本规律。现通过实验观察特殊现象：当用一个磁铁吸引硬币后，将其靠近另一个磁铁的同名磁极时，初始阶段会表现出斥力作用，且斥力随距离减小而增强；但当两磁极间距缩小至临界距离时，斥力突然消失，转而产生吸引力使两者吸附。这是为什么呢？

　　这是由于硬币作为软磁材料，在被磁化后其磁极与初始磁铁保持一致。当接近同名磁极时，硬币内部磁畴在强磁场作用下发生重组，导致有效磁极反转，从而出现反常吸引现象。

　　软磁材料被磁铁磁化的过程如图 5-1 所示。

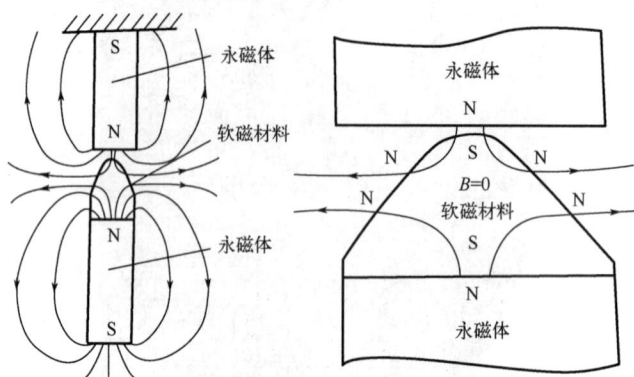

图 5-1　软磁材料被磁铁磁化的过程

5.2　维氏起电机

　　维氏起电机，又称维姆霍夫起电机，是实验室中常用的静电产生装置，其发电原理颇为引人入胜。它是一种历史悠久的手摇式起电机，核心部件是两个紧密相邻且同轴反向旋转的绝缘圆盘。每个绝缘圆盘上都固定有一个金属电刷杆，电刷杆两端设有金属丝电刷，与绝缘圆盘上的导电薄片接触（如图 5-2 所示）。在绝缘圆盘两侧，分别设有一根集电杆，用于收集导电薄片上的电荷，并将其分别导入两侧的莱顿瓶中。莱顿瓶本质上是一个电容器，由薄壁玻璃瓶（在瓶壁内外面涂覆导电层）构成，集电杆与内导电层相连。两个莱顿瓶的外导电层可以通过导线相连，相连后既可以接地，又可以不接地。

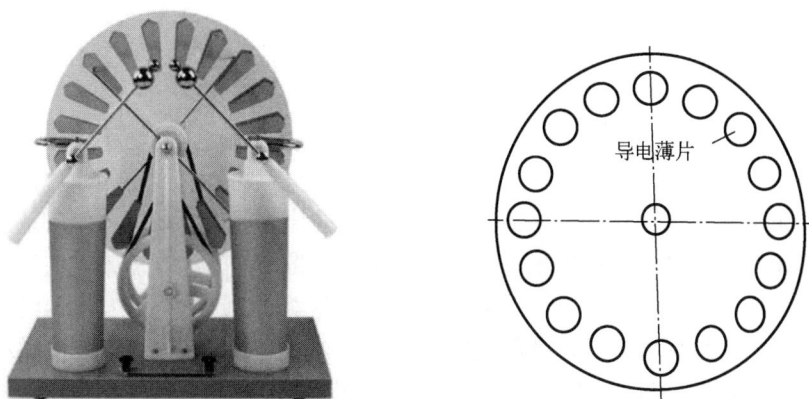

图 5-2　维氏起电机与绝缘圆盘

　　绝缘圆盘上的导电薄片在图 5-2 右图中用画在圆周上的小圆形表示。当转动维氏起电机绝缘圆盘时，前盘顺时针旋转，后盘则逆时针旋转。这种对称设计导致两个莱顿瓶的带电具有不确定性，若其中一个带正电，则另一个必带负电，反之亦然。

　　如图 5-3 所示，当后盘导电薄片 A 因空间电荷吸附涨落带正电时，旋转至前盘电刷 B 附近时，会引发静电感应：前盘电刷杆两端分别感应出负电（B 端）和正电（C 端）。随着圆盘转动，B、C 导电薄片与电刷分离成为独立带电体。当前盘带负电的导电薄片 B 运动至导电薄片 F 处时，导电薄片 G、H 分别感应出正、负电荷，脱离电刷后成为净带电体。后盘导电薄片 G 转至前盘电刷时，其作用等效于初始状态的后盘导电薄片 A。此过程中，脱离电刷的薄片作为原电荷源，接触电刷的薄片则产生感应电荷，二者呈正相关关系。

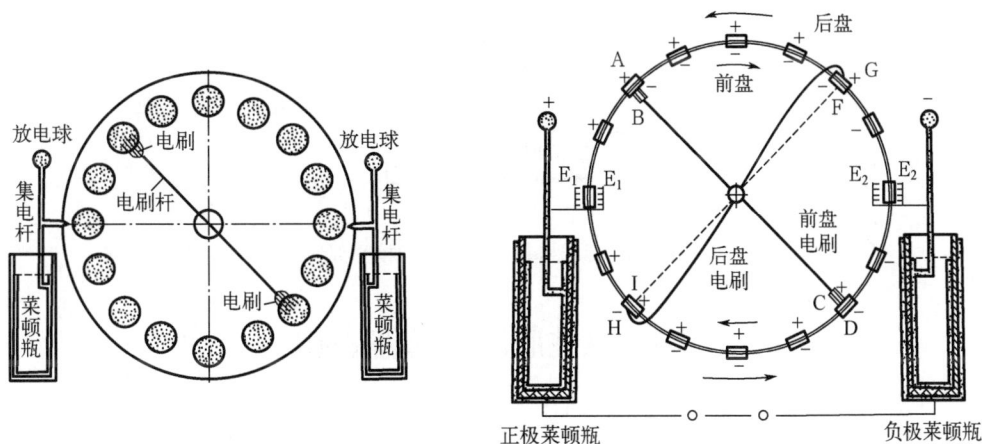

图 5-3　维氏起电机发电原理

　　前盘上部导电薄片携带负电荷，既作为原电荷在后盘电刷 F 处完成感应，又通过集电杆 E_2 传输电荷；后盘上部导电薄片携带正电荷，既在前盘电刷 B 处触发感应，又通过集电杆 E_1 传输电荷。两绝缘圆盘下部薄片电荷传输机制与之对称。莱顿瓶系统通过连接外导电层维持总电中性，内壁积累异号电荷，放电球间距可用于调节电势差与放电阈值。

5.3　范德格拉夫起电机

范德格拉夫起电机是利用空腔导体电荷都集中在空腔的外表面上的原理而制成的。

范德格拉夫起电机的核心部件为一个几乎封闭的导体球壳，如图 5-4 所示。该球壳被稳固地支撑在绝缘筒之上。筒内上下设置两个转轮，带动一个绝缘皮带，在下转轮附近有一排针尖状电刷，针尖指向皮带，针尖与电荷发生器紧密相连，电荷发生器既可以是高压电源的一个电极，也可以通过摩擦起电的方式提供电荷。针尖状电刷引发尖端放电，使电荷附着于皮带上，发动机驱动转轮旋转，皮带则负责将电荷向上传输。在上转轮附近，设有另一排针尖状电刷，与导体球壳内表面相连。由于静电感应，皮带上的电荷在电刷附近使针尖感应出异号电荷，电压很高，击穿空气产生尖端放电，针尖上的异号电荷飞到皮带上与皮带上的电荷中和，针尖上的同号电荷则由球壳流向外表面。转轮持续转动，电荷不断从下部的电荷发生器被传递至皮带上，再向上输送，最终均匀分布于球壳外表面。球壳带电产生的静电电压的极限值受球壳部分对地的绝缘程度的影响，也与空气的湿度有关。根据电势计算公式，直径 1m 的均匀带电球壳表面附近场强为 30kV/cm 时，其电势可达到 3000kV。

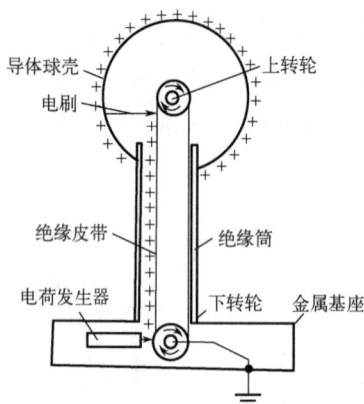

图 5-4　范德格拉夫起电机的核心部件

5.4　磁性底座与防盗磁扣

光学实验中常用的磁性底座通过巧妙设计可实现吸附功能。如图 5-5 所示，其结构包含由两块软磁材料构成的壳体（这种材料易磁化且退磁快），它们中间通过高磁阻的黄铜隔断。壳体内部设有圆柱形腔体，内置可旋转的条形永磁体，磁极位于两端。

当用侧面旋钮将永磁体调整为水平方向时，永磁体两极正对底部软磁材料。此时软磁材料被磁化，形成 N-S 极分布，底座两脚产生强磁场，从而牢固吸附铁质平台。当用侧面旋钮将永磁体转为垂直方向时，永磁体的 N 极和 S 极通过软磁壳体形成闭合磁路（磁路短路），导致底座两脚的磁力线大量减少，吸附力基本消失，便于将铁质平台轻松取下。

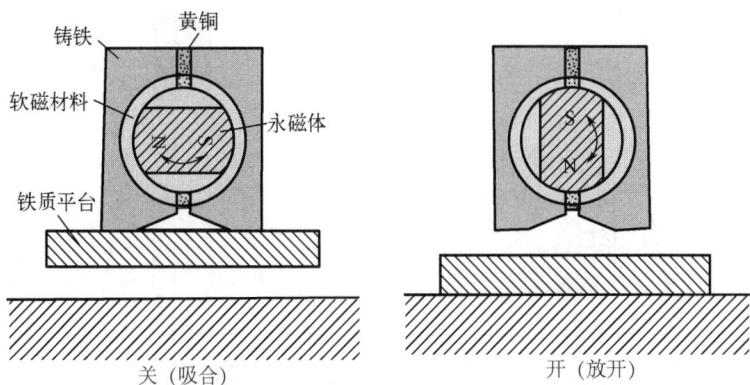

铸铁
黄铜
软磁材料
永磁体
铁质平台

关（吸合）　　　　　　　　　　开（放开）

图 5-5　磁性底座结构

这种设计巧妙结合了永磁体的两极强磁场特性和软磁材料的快速磁化/退磁特性，通过旋转永磁体方向改变磁路分布，实现吸附状态的快速切换。黄铜隔断的关键作用在于阻断横向磁路，确保磁力只能纵向传递到底座两脚。

生活中的防盗磁扣是大家很熟悉的物体，其巧妙的设计也十分有趣。防盗磁扣与解锁器如图 5-6 所示。

解锁器

图 5-6　防盗磁扣与解锁器

防盗磁扣的钉子上设计有一圈凹槽结构，其内部工作原理如下：铁珠被安置在锥桶的圆孔中，而锥桶则固定在锥形的金属碗内，并通过弹簧施加的压力保持位置。当钉子从防盗磁扣底部插入时，锥桶内的铁珠会沿着凹槽滑入预定位置，此时弹簧的持续压力会将铁珠牢牢卡在凹槽内。金属碗呈上宽下窄的锥形结构，当试图强行拔出钉子时，铁珠会随着锥桶下移而受到更强烈的挤压，导致钉子被夹得更紧，因此仅凭蛮力无法解开防盗磁扣。

超市专用的防盗磁扣的解锁器实质上是一块强力磁铁。其工作原理是通过磁力将锥桶内的铁珠及铁环向上吸引，使铁珠脱离凹槽并扩散至上方更宽敞的空间。此时钉子因失去铁珠的卡位而可轻松取出。这种设计既保证了防盗磁扣的牢固性，又通过磁吸技术实现了快速解锁。

防盗磁扣内部结构及原理如图 5-7 所示。

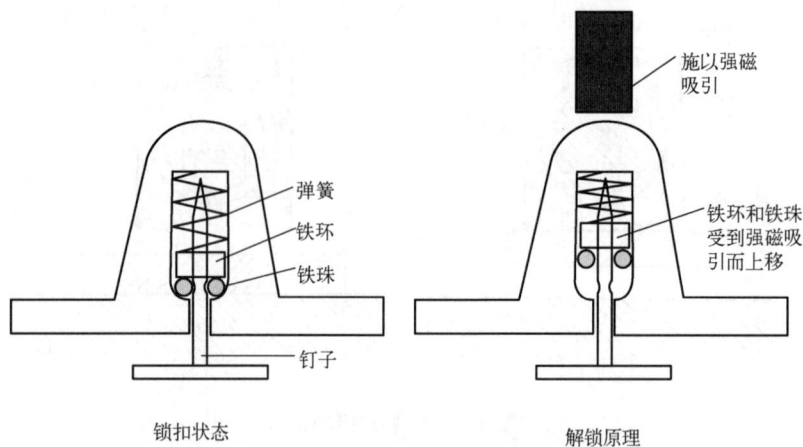

图 5-7 防盗磁扣内部结构及原理

5.5 静电感应盘

导体在靠近带电体时，由于库仑力的作用，其内部电荷会重新分布：异种电荷被吸引到靠近带电体的一端，而同种电荷则被排斥到远离带电体的一端，这种现象称为静电感应。

静电感应盘是一种基于静电感应原理设计的装置，其主体为带有绝缘柄的圆形金属盘，能够通过电荷的重新分布实现电荷分离。本实验的具体过程如下：

（1）当用绸子摩擦塑料板上表面时，塑料板因失去电子而带正电荷。

（2）将静电感应盘置于带电塑料板上，此时静电感应盘靠近塑料板的下表面因静电感应产生负电荷，而上表面则分布正电荷。

（3）用氖泡接触静电感应盘上表面时，正电荷的高电位导致氖泡闪亮放电，电荷被中和后上表面呈电中性。

（4）提起静电感应盘时，剩余负电荷重新分布，上表面再次聚集负电荷。

（5）再次用氖泡接触感应盘上表面时，负电荷的电位差引发第二次放电，氖泡再次闪亮。

以上过程通过静电感应的电荷分离与中和机制，直观展示了电场作用下导体电荷的动态响应特性。

由于塑料板上的电荷不会被转移走，所以以上操作可以重复多次。

氖泡发光属于辉光放电现象。当氖泡的一极接触带电体时，若两极间电压超过其起辉电压（通常为 60~80V），氖气便会发生电离并导通电流。此时，电子从低电位电极向高电位电极加速运动：初始阶段，电子动能较低，不足以激发氖原子；随着加速距离增加，电子能量逐渐达到氖原子跃迁所需的能级差阈值，此时电子与氖原子碰撞可将其激发至高能态。当激发态的氖原子返回基态时，会释放光子，表现为氖泡发光。然而，若电子继续加速并超过激发能级的临界值，其能量反而无法有效激发氖原子，因此辉光主要出现在低电位电极附近的区域。由于氖气的特性，放电时会发出特征性的橘红色光。

5.6 静 电 除 尘

静电在生活中几乎无处不在，烟尘往往带有正电，因此采用静电吸附的方法可以消除烟尘。

沿烟囱（视为圆柱）表面绕上多圈细导线形成螺绕环，它与四周绝缘，仅与高压发生器（静电高压电源）的正极输出端相接。烟囱相当于一个筒状导体，设其半径为 R，与静电高压电源的负极（接地端）连接，如图5-8所示。

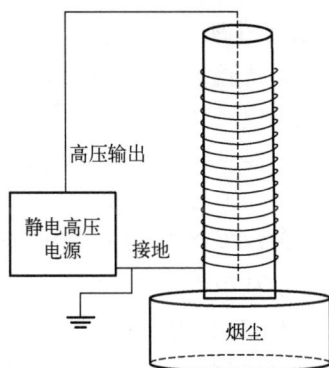

图5-8 采用静电吸附的方法消除烟尘

当中轴导体的电压为 U_0 时，在烟囱中会形成轴对称的非均匀电场，根据电场强度的定义，距中轴 r 处的电场强度 E 可由试探点电荷所受的力 F 与电荷量 q 的比值计算得出，即 $E=F/q$。电势定义为单位正电荷在该点的电势能，通常用 ϕ 来表示。电势是一种描述静电场的标量场，而电势差可在闭合电路中驱动电流。

烟尘作为电介质，在电场中会发生极化现象。假设烟尘的极化率为 χ，每一颗烟尘可视为一个电偶极子，其极化强度 P 与电场强度 E 的关系为 $P = \chi E$。烟尘在电场中受到的力可表示为

$$F = \chi E \cdot \nabla E$$

在此电场力的作用下，烟尘被吸引至中轴附近，聚集成大颗粒后沉降。

在本实验中，除了标准的静电高压电源外，还可以灵活采用如电蚊拍等设备作为静电高压电源；同样地，烟尘的模拟物可选用蚊香燃烧产生的烟雾或烟饼释放的微粒。

5.7 手 触 电 池

电池的起源与发展史可追溯至18世纪末的偶然发现。1780年，意大利解剖学家伽伐尼在解剖青蛙时发现，当两种不同金属器械同时触碰蛙腿神经时，肌肉会产生抽搐现象。他认为这是动物体内产生的"生物电"现象。这一发现引发了科学界的广泛关注，物理学家伏特对此展开深入研究，并于1799年通过实验推翻了"生物电"理论。他发现两种不同

金属（如锌和银）浸入盐水中时，化学反应会引发电流，进而发明了由多层金属片与盐水浸渍材料叠加组成的"伏特电堆"，这是人类历史上首个能够持续输出电流的化学电池。

19世纪中期，电池技术迎来重要突破。1860年，法国科学家雷克兰士发明碳锌电池，其正极采用二氧化锰与碳的混合物，负极使用锌汞合金棒，电解液为氯化铵溶液。尽管该电池仍属于"液态电池"范畴，但其低成本特性推动了电池普及。1887年，英国人赫勒森通过将电解液改良为糊状物，成功研发出真正意义上的干电池，解决了液态电池易泄漏的问题，奠定了现代干电池的基础。

随着电力需求增长，可充电电池成为新方向。1890年，爱迪生发明铁镍蓄电池，并于1910年实现商业化生产，开启了蓄电池应用新纪元。20世纪后期，电池技术进入高速发展阶段：1991年，索尼公司推出首款商用锂离子电池，采用钴酸锂正极与石墨负极，通过锂离子在电极间的迁移实现充放电，其高能量密度特性彻底改变了消费电子行业。21世纪以来，为满足电动汽车需求，磷酸铁锂电池（刀片电池）与三元锂电池相继突破技术瓶颈，前者以高安全性和长循环寿命见长，后者则以优异能量密度占据市场。

从伽伐尼的偶然发现到现代高能电池体系，电池技术的演进始终围绕提升能量密度、安全性和环境友好性展开。如今电池已形成干电池、铅酸电池、锂离子电池、燃料电池等多维技术矩阵，深刻重塑着人类能源利用方式。

手触电池实验装置由一个检流计和两块不同材质的金属板（如铜板和铝板）串联而成，如图5-9所示。将双手分别放在铜板和铝板上，可以看到检流计指针明显摆动，表示回路中有电流，此时双手就相当于电源。不同实验者测出的电流会有明显差异，且手心有越多汗液，电流就越大。观察一下，搓一搓双手或对手哈气后再进行实验，指针摆动会不会更明显？

图5-9 手触电池实验装置

"手触电池"本质上是"化学电池"，其原理如下：当实验者双手分别按住铜板和铝板时，人手上的微量汗液是一种电介质，含有一定量的正、负离子。铝板比铜板活泼，铝板原子与汗液负离子反应，溶解成正离子并释放电子至铝板，形成负电荷积累；而铜板则聚集正电荷。在连接铝板与铝板的导线中，铝板电子经检流计流向铜板，形成电流。

同理，将不同活性的金属片插到水果中，如橙子、苹果、梨、菠萝等，可组成水果电池。

5.8　燃　料　电　池

氢燃料电池是将氢气和氧气的化学能直接转换成电能的发电装置，其基本原理是电解水的逆反应，即把氢气和氧气分别供给阳极和阴极，氢气通过阳极向外扩散和电解质发生反应后放出电子，电子通过外部的负载到达阴极。

氢燃料电池实验器如图 5-10 所示，给燃料动力电池的负极通入氢气，正极通入氧气，在正负极之间加一层膜。在催化剂的作用下，氢原子外层的电子会游离出来，变成独立电子和氢离子。只有两个氢离子结合，才可以同时通过正负极之间的膜，而电子则会被阻挡在膜外。由于氢离子实际上是质子，所以那层膜也叫"质子交换膜"。因此，电子会在膜的一边聚集。一旦正负极之间连接了负载，电子就可以通过导线回到正极。单层膜两侧的电压只有 0.5～1.0V，这就需要将膜的结构叠加至几百层，以得到所需的高电压。透过膜的质子与正极的氧气反应生成水并放出热量，这是氢燃料电池的副产品。

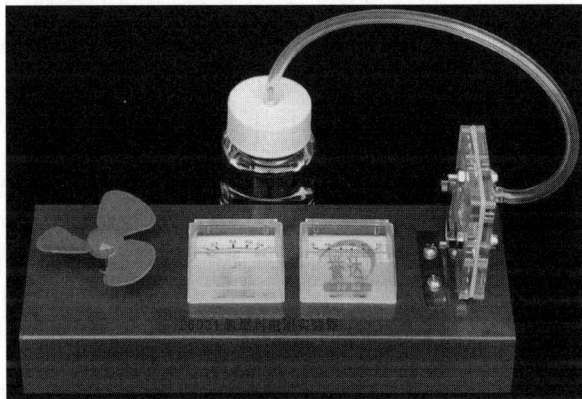

图 5-10　氢燃料电池实验器

氢燃料电池的催化剂是关键组成部分，目前广泛使用的是铂基催化剂，其成本较高，这是因为铂金属比较稀缺且价格高昂。

5.9　三相旋转磁场

三相电动机定子有三个线圈绕组，接通电源后，在绕组中有对称的三相电流流过，如图 5-11 所示，三相线圈通以交流电后会产生旋转磁场，使得金属球在旋转磁场中发生电磁感应，产生涡流。

三相线圈中的电流如下：

$i_A = I_m(\sin\omega t),\qquad i_B = I_m(\sin(\omega t + 120°)),\qquad i_C = I_m(\sin(\omega t + 240°))$

对应的相量图呈现三个幅值相等、相位差 120° 的对称相

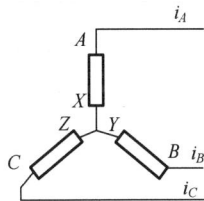

图 5-11　三相电流

量分布。这种对称性使得三相电流合成的磁场随时间变化形成一个旋转矢量。

每相线圈产生的磁场叠加后，磁感应强度 **B** 的方向满足关系式 $\beta = \pi - \omega t$（顺时针旋转）或 $\beta = \omega t$（逆时针旋转）。当三相电流正序时，磁场以角速度 ω 顺时针旋转；反之则逆时针旋转。磁场的旋转速度与电源频率同步。

接通电源开关后，向三相线圈中通入 380V 的交流电，随后将一个金属球置于磁场中心，仔细观察其转动状态。

当金属球置于旋转磁场中心时，磁场切割金属球表面，根据法拉第电磁感应定律，金属球内部会产生环形涡流。涡流与旋转磁场相互作用，产生洛伦兹力驱动金属球跟随磁场方向旋转。接通 380V 三相交流电后，磁场以同步转速快速旋转，金属球因涡流效应迅速加速，最终接近磁场转速，但因存在空气阻力和摩擦损耗，实际转速略低于同步转速。

接着，再放入另一个金属球，请读者对比观察两个金属球的转动情况。

5.10　单相旋转磁场

在上一节中，我们已经探讨了三相旋转磁场的形成原理，那么单相交流电如何实现旋转磁场呢？

旋转磁场是指磁感应强度 **B** 的大小保持恒定，但其方向以角速度 ω 持续变化的磁场。虽然三相交流电是产生旋转磁场的典型方式，但单相交流电同样能够实现这一效果。应用于电风扇或某些冰箱压缩机的单相电机不仅具备振动小、噪声低、启动转矩大、能耗低、成本低廉等优势，还能通过简单的电路设计实现对旋转方向的控制，且仅需单相交流电源即可运行。

本实验的装置为单相旋转磁场演示仪，如图 5-12 所示。在实验中，只需向方形水槽中注入适量水，使空心铜球漂浮于水面上，接通电源后，即可观察到铜球随之开始旋转，直观展示了单相旋转磁场的存在及其驱动效应。这种实验现象的原理源于单相电机通过分相技术（如电容移相或罩极法）产生两相时间差电流，进而在空间上形成等效的旋转磁场。例如，电容分相法通过在启动绕组中串联电容器，使主、副绕组的电流相位差接近 90°，从而合成近似圆形的旋转磁场。

图 5-12　单相旋转磁场演示仪

5.11　电磁阻尼摆

电磁感应、电磁相互作用是电磁学中的重要概念，电磁阻尼摆就很好地演示了相关原理。电磁阻尼摆如图 5-13 所示，两块磁铁相对放置，中间留有缝隙，金属片固定在上端，可以在磁铁中间自由摆动。该装置共配有 3 个摆片，它们的形状分别为叉子形、回字形与平板形。拉动其中 2 个摆片到同一位置后释放，让其自由摆动。可见平板形摆片摆幅迅速衰减，回字形摆片次之，叉子形摆片衰减最慢。不难理解，摆片切割磁感线，从而在摆片内形成涡电流，根据楞次定律，涡电流在磁场中受到的安培力必定阻碍导体的运动。摆片形状不同，涡电流也不同，其中叉子形摆片仅在小区域中形成涡电流，而回字形、平板形摆片形成的涡电流较大，阻尼效果也就更加明显。

图 5-13　电磁阻尼摆

在许多电表中，也常常把线圈绕在一个闭合的铝框上，或附加一个短路线圈。当电流线圈在磁场中摆动时，会在铝框或短路线圈中产生涡电流，从而在电磁阻尼的作用下迅速稳定于平衡位置。

当大块的金属在磁场中运动，或处在变化的磁场中时，金属体内部会产生感应电流，这些电流在金属内部组成闭合回路，即涡电流。由于大块铁芯的电阻很小，涡电流可以很大，在铁芯内将放出大量的焦耳热，这就是感应加热的原理。涡电流及其产生的焦耳热与外加交变电流的频率的平方成正比。当使用几百 Hz 甚至几千 Hz 的高频交变电流时，铁芯内将放出巨大的热量，可用来冶炼金属。我们常用的电磁炉，就利用了这一原理（之所以必须用铁锅，是因为铁锅是导体，能在交变磁场中产生涡电流，从而产生热量）。

一些需要在高度真空下工作的电子器件，如电子管和示波管，在经过常规抽空处理后，通常会进一步被置于高频磁场内，通过电磁加热释放吸附在金属表面的残余气体，以达到更高真空度（如电子管要求的 6.65×10^{-7}Pa）。

涡电流热效应在某些情况下危害显著。变压器、电机铁芯受涡电流影响会产生无用热，消耗电能，降低效率，严重时导致铁芯过热，从而无法工作。因此，交流仪器铁芯采用绝缘薄片（如硅钢片）叠合，以限制涡流，增大内阻，减少损耗。

电磁阻尼还可以通过如图 5-14 所示的装置演示，两个圆环对称固定在支撑点左右，一个闭合，一个断开。当磁铁靠近或穿过圆环时，环内产生感应电动势，只有闭合的圆环会出现感应电流，从而受到安培力，横梁开始旋转；而当磁铁靠近或穿过断开的圆环时，则因为不能形成回路而没有反应。

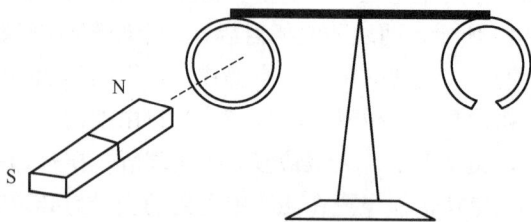

图 5-14　电磁阻尼演示

此外，将一个磁铁置于空心金属管内，使其自由下落，磁铁与金属管之间会产生电磁感应，这是电磁阻尼的又一经典实验，更为有趣。

5.12　磁铁在金属管中的阻尼运动

当磁铁在非铁质金属管（如铝管）中自由下落时，磁铁运动导致穿过金属管的磁通量发生变化，管壁会感应出环形电流（即涡流）。根据楞次定律，感应电流产生的磁场会阻碍磁铁的运动，形成电磁阻尼效应。这使得磁铁的下落速度显著减缓。例如，若使用长度 60cm、外径 25mm、内径 15 mm 的铝管，配合 20g 稀土钕磁铁时，其下落时间可达约 7s。该实验装置便携且具有可拓展性：通过调整磁铁的质量或尺寸参数，可进一步改变下落时间；将金属管置于电子秤后释放磁铁，还能通过观察秤的示数变化（需注意示数存在延迟）定量测量电磁阻尼力，进而分析运动规律及金属电阻率等特性。

磁铁在金属管中下落，受到重力和电磁阻力 f 的作用，f 与磁通量的变化率有关，即与下落速度有关（是否为线性关系，请读者自行推导或实验），忽略空气阻力，有：

$$f = Kv$$

式中，K 为比例系数，v 为瞬时速度，则磁铁运动方程为：

$$m\frac{\mathrm{d}v}{\mathrm{d}t} = mg - Kv$$

解得：

$$v = \frac{mg}{K} + ce^{-\frac{K}{m}t}$$

若初速度为 0，即 $t = 0$ 时，$v = 0$，则有：

$$v = \frac{mg}{K}(1 - e^{\frac{Kt}{m}})$$

可见，随着时间的增加，磁铁的速度趋于匀速，t 取无穷大时，有：

$$v = v_\mathrm{T} = \frac{mg}{K}$$

这个速度为磁铁下落的终极速度。

5.13　滴水发电机

滴水发电机,又名开尔文滴水发电机(Kelvin Water Drop),是英国科学家开尔文于 1867 年发明的一种静电产生装置。该装置最初被用作"水坠冷凝器",其核心原理是通过水滴下落过程中的正反馈效应与水中正负离子对电偶极子静电场的感应作用,共同形成电压差。具体而言,当水滴偶然携带微量电荷进入下方金属水桶时,装置独特的交叉连接结构(左侧桶与右导电环相连,右侧桶与左导电环相连)会触发正反馈机制,这使得正负电荷分别在两桶中进行指数级积累,短时间内即可产生高达上万伏的电势差。

如图 5-15 所示,在装置结构上,上方水桶设有两个滴水孔,水流分别穿过对应的导电环落入两个相互绝缘的接水桶中。左侧桶通过导线连接右侧导电环,右侧桶则通过导线连接左侧导电环,形成闭环回路。导电环需精准放置于水滴初始下落路径附近,以增强感应效果。若使用金属桶,则导线可直接连接桶体;若使用非金属容器,则需将导线末端浸入桶底水中,以确保导电性。

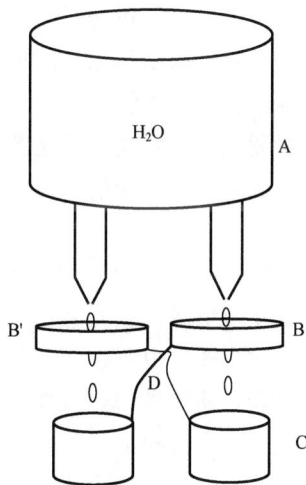

图 5-15　滴水发电机实验装置

该装置因其电荷积累的爆发性效果,也称为"克氏滴水发电机""开尔文静电发生器""开尔文勋爵的雷暴"。其能量来源于水滴重力势能,尽管大部分能量因摩擦损耗转换为热能,但仍能通过静电感应实现高效电荷分离。

5.14　辉　光　球

辉光球(如图 5-16 所示)由于能形成绚丽的辉光,一直是物理演示实验中的明星实验。

开启辉光球后，可见光线在球内翩翩起舞，自中心向外壳辐射。当手靠近或触碰球时，朝向手部的光线愈发璀璨，而其他方向的光线则逐渐黯淡，仿佛光线被手所吸引（注意，不可长时间用手接触球，否则会有触电感）。

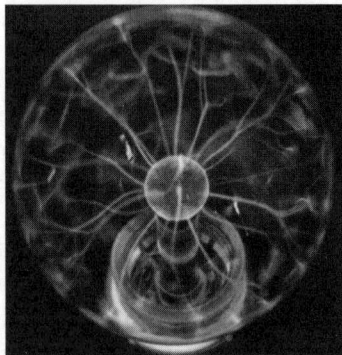

图 5-16　辉光球

当手握日光灯管并将其一端靠近辉光球时，灯管会被点亮。仔细观察会发现，灯管被点亮的区域从靠近辉光球的一端延伸至手部接触位置；若手在灯管表面滑动，发光区域也会随之移动，呈现出如同魔术般神奇的动态光影效果。这一现象源于辉光球的独特工作原理：其内部充有低压惰性气体，中央黑色球状电极通过底部振荡电路板将低频直流电转换为高频（数万赫兹）高压电场。高频电场使气体分子发生电离，电离产生的电子和离子在电场中加速碰撞，激发气体原子跃迁并释放出可见光，形成绚丽的辉光现象。而日光灯管本质上是一种低气压放电管，管内充有微量水银和氩气，当靠近辉光球时，其高频电场会引发水银蒸气放电，进而激发管壁荧光物质发光。辉光的颜色主要取决于辉光球内所充气体的种类，同时也受到气体压力和放电电压的影响。日常生活中见到的霓虹灯、氖灯的原理都是辉光放电。

在自然界中，北极光是由位于海平面以上 800～1000 千米高空的气体由于受到外界空间高速粒子的轰击，而发出的冷辉光所形成的极光束。

更令人惊叹的是，人体自身也存在辉光现象。1911 年，英国医生华尔德·基尔纳首次观察到人体周围 15mm 厚的彩色光晕，研究发现，人体在患上疾病的初期，体表的辉光会发生变化，出现一种干扰的"日冕"现象；癌症患者体内会产生一种云状辉光；当人喝酒时，辉光开始有清晰、发亮的光斑，酒醉后便转为苍白色，最后光圈内收；吸烟者则会呈现出不和谐的辉光模式。

此外，该实验还可拓展至盘式辉光装置，通过电场分布变化探究静电屏蔽等物理现象。这既揭示了气体放电的微观机理，也为跨学科研究提供了直观的演示平台。辉光球可以完成的物理实验还有很多，如静电屏蔽实验等，读者可以进一步探究。

5.15　静　电　摆　球

静电摆球实验装置如图 5-17 所示。当两极板分别带上正、负电荷时，导体小球两边分别被感应出与邻近极板异号的电荷。小球上的感应电荷又反过来使极板上电荷分布改变，从而使两极板间电场分布发生变化。小球靠近极板的一侧，由于空间场强较强，因此受力较大；而小球远离极板的一侧，场强较弱，受力则较小，于是小球便向距离较近的一个极板摆动。当小球与这个极板接触时，小球带上与该极板同号的电荷，与该极板相互排斥，与另一个极板相互吸引，这使小球又摆回来。持续加电，小球就在两极板间往复摆动，并发出乒乓声。关闭电源后，电容器中残留的电荷仍会短暂维持电场，加上小球的惯性，它会继续微小摆动，直至电荷完全中和、电场消失后才静止于平衡位置。

将小球放在两电极之间，把高压直流电源的两个电极分别接在两个电极柱上。打开电源，观察小球的运动情况（若小球不运动，则使其位置稍微偏离中间位置一

图 5-17 静电摆球实验装置

点）。实验完成后，要及时关闭电源，必须用接地线分别接触两极和小球，进行放电。

5.16 超导磁力测量

当永磁体靠近超导样品时，两者之间会产生斥力；而当永磁体远离超导样品时，两者之间的斥力又会转变为引力，这种现象通过力显示器上的正负数值变化得以体现，这正是超导体完全抗磁性的典型特征。具体而言，超导体的完全抗磁性（迈斯纳效应）会强烈排斥外部磁场，导致永磁体靠近时产生斥力；而当永磁体远离时，由于磁通钉扎效应使部分磁场穿透超导体并被锁定，从而形成引力。此外，力显示器的读数还表明，无论是斥力还是引力的大小，均与永磁体和超导样品之间的距离密切相关——随着间距的变化，作用力呈现规律性增减。这种距离依赖性反映了超导磁悬浮系统中磁场分布的动态特性，为优化磁悬浮性能提供了关键参数依据。

超导磁力测量实验装置如图 5-18 所示。打开电源，预热 5 分钟；将超导块放在试样架中心，用螺丝将其固定（卡住即可，不要用力拧，以免损坏样品）；逆时针转动手柄，使永磁体向下移动至与超导样品轻轻接触，再略微离开，调整样品位置使之与永磁体对正，打开深度尺电源开关；顺时针转动手柄，使永磁体远离超导样品，上移至距离超导样品约 4cm 的位置；向低温容器中注入液氮，并保持液氮面略高于超导样品上表面，使样品冷却至超导状态（实验过程中液氮蒸发，液面下降时，可随时添加液氮）；逆时针转动手柄，向下移动永磁体（手柄转动 1 圈，永磁体约移动 1.5mm），同时观察力显示器上的读数变化，并注意其正负的变化；在永磁体距样品 3mm 处开始反向移动永磁体，同时观察力显示器上的读数变化，并注意其正负的变化。

图 5-18　超导磁力测量实验装置

实验时，需要注意液氮的温度约为零下 200℃，操作前需了解相关低温操作规范，以免冻伤。液氮存储应采用专用罐体，若用保温瓶等存储，**切记不要盖严盖子**。转动手柄时要慢，特别注意，在永磁体靠近超导样品时，不要使两者接触，更不要用力压样品。

5.17　超导磁悬浮列车

当超导体冷却至超导态时，它会排斥内部的磁场，使得磁力线无法穿透其内部，从而在超导体内部形成零磁场，这一现象称为迈斯纳效应，由瓦尔特·迈斯纳和罗伯特·奥克森菲尔德于 1933 年发现。迈斯纳效应不仅揭示了超导体的完全抗磁性，即通过表面无损耗电流抵消外部磁场的作用，还与零电阻现象共同构成了超导态的两个基本属性，成为判断材料是否为超导体的核心标准。这种完全抗磁性还衍生出独特的物理现象，如磁悬浮或磁场倒挂，即超导体可在磁场中悬浮或稳定倒置。

超导磁悬浮列车实验装置如图 5-19 所示。操作时，先在小车下面垫上厚度为 8mm 左右的硬纸板，再将小车放在磁性导轨上；取下小车上盖，将液氮倒入小型液氮容器中，再倒入车体容器中（内有超导块），过 2~3 分钟后，超导块充分冷却，盖上车盖，撤下硬纸板，小车可悬浮在导轨上方；此时，用手给车一个驱动力，可使小车运动起来。

图 5-19　超导磁悬浮列车实验装置

5.18 涡电流的力学效应

将金属圆环套在线圈铁芯上，在线圈通电的瞬间，磁通量急剧变化，导致闭合圆环中产生极大的感应电动势。由于金属环的电阻很小，互感电流会非常大。根据楞次定律，圆环中产生的磁场方向与线圈的磁场方向相反，瞬间形成强大的斥力，对圆环施加一个显著的冲量，使其迅速跳离原位置，并沿着连接杆滑向另一侧线圈。当另一线圈通电时，同样的过程重复发生，圆环再次跳离滑杆。通过继电线路的控制，两个线圈交替通电，从而可驱动金属圆环在滑杆上持续往复运动。

本实验的装置为涡电流演示仪，如图 5-20 所示。操作时，涡电流会使金属环的温度很高，注意不要被烫伤。请读者思考，涡电流的热效应和微波炉中食物的加热原理相同吗？

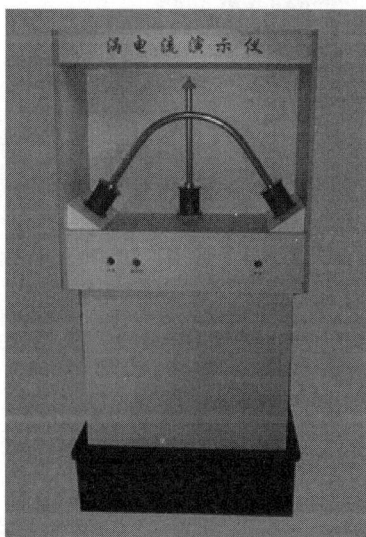

图 5-20 涡电流演示仪

5.19 亥姆霍兹线圈

亥姆霍兹线圈由两个完全相同的圆形线圈平行且同轴排列而成，两线圈中心间距等于其半径。当通入同方向电流时，两个线圈产生的磁场在线圈中心附近区域叠加增强，形成高度均匀的磁场环境；若通入反向电流，则两线圈的磁场会相互抵消，从而在特定区域产生磁场强度显著减弱的效应，甚至可形成零磁场区域。这种特性使其广泛应用于物理实验校准、地磁场抵消及磁传感器标定等领域。亥姆霍兹线圈的结构及其磁场强度变化如图 5-21所示。

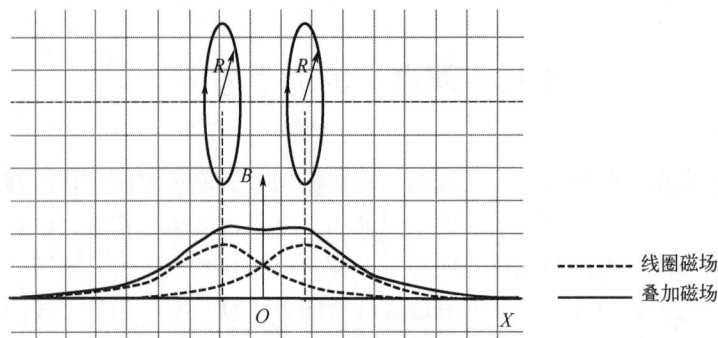

图 5-21　亥姆霍兹线圈的结构及其磁场强度变化

亥姆霍兹线圈实验装置如图 5-22 所示，实验的操作流程如下。

图 5-22　亥姆霍兹线圈实验装置

步骤一：设备初始化。

（1）开启数码显示屏电源，通过调零旋钮将 LED 显示屏归零。

（2）启动直流稳压电源，闭合同向电键，使两线圈通入相同方向的电流。

步骤二：磁场测量执行。

转动手柄，驱动轴线上的霍尔元件沿导轨从一端缓慢移动至另一端。

步骤三：磁场分布观测。

观测显示屏数值呈现出的三段式变化。

（1）初始段（靠近一端）：示数逐渐增大。

（2）中间段（轴线中点±5cm 范围）：示数保持稳定，数值波动小于 2%。

（3）末段（接近另一端）：示数再次减小。

本实验的现象印证了以下物理规律：同向电流亥姆霍兹线圈在轴线中点附近形成均匀磁场区；磁场强度分布遵循叠加原理，两端磁场梯度较大，中心区域梯度趋近于零。

5.20　雅各布天梯

雅各布天梯实验装置如图 5-23 所示。打开开关，我们就能看到一道电弧从底部不断向上运动，并伴随吱吱的声音。这个实验通常会给学生留下深刻的印象。

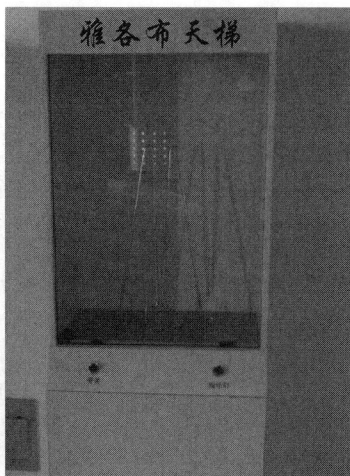

图 5-23　雅各布天梯实验装置

雅各布天梯实验的原理不难理解，在有一定距离的两电极之间加上高压，若两电极间的电场达到了空气的击穿电场，则两电极间的空气被击穿，并进行大规模放电，形成气体的弧光放电现象。

雅各布天梯的实验装置由一对梯形电极构成，其下端间距较小，导致该区域的电场强度极高。在高压作用下，电极底部的空气最先被击穿电离，形成电弧放电并释放大量热量。随着电弧持续加热空气，热膨胀效应使电离区域逐渐向上移动（高温空气更易被电离，击穿场强显著降低），形成电弧沿梯形电极爬升的壮观现象。当电弧升至电极间距过大的顶部区域时，电场强度已不足以维持放电条件，此时电弧因能量耗散而熄灭，随后底部重新开始新一轮放电循环。

该现象的本质在于空气中存在自由离子，这些离子在强电场中加速运动并与气体分子碰撞，引发雪崩式电离，形成电弧。值得注意的是，电弧放电产生的自由电子会迅速与氧气结合形成负氧离子（O_2^-），这类带电粒子具有显著的空气净化功能，既能吸附悬浮颗粒，促进沉降，又能破坏细菌和病毒结构，实现杀菌效果。这正是雷雨过后、瀑布周边及森林环境中空气清新的主要原因：水滴破裂（如瀑布）、植物蒸腾（如森林）和雷电作用均可通过类似雅各布天梯的带电粒子形成机制产生负氧离子。

有趣的是，水滴带电现象与密里根油滴实验存在原理关联。密里根通过精确测量带电油滴在电场中的运动，首次测定基本电荷量，而自然界中水滴破裂带电的过程本质上也是电荷分离现象，这为理解大气电学现象提供了微观视角。当前市面上的负氧离子发生器类产品，正是基于这类物理机制实现空气净化功能的。

5.21　飘　升　机

飘升机是一种离子推进的飞行器，也是电流体动力学的设计模型。有关飘升机的实验已经越来越普及，而飘升机本身的结构也越来越复杂，由最简单的三角形（如图 5-24 所示）

发展到多格三角形、六边形、圆柱形、伞形及多层结构等，其尺寸也越来越大，在日本，出现了直径达 5m 的飘升机。

图 5-24　自制的三角形飘升机

飘升机的核心原理是别费尔德-布朗效应。该效应于 20 世纪 20 年代被发现，指当一对具有特定几何结构的电极（如丝状极和箔状极）浸入绝缘介质并被施加万伏级高压直流电时，会产生从箔状极指向丝状极的定向力。值得注意的是，即使调换电极极性，力的方向仍保持不变，但大小会发生变化。目前这一现象仍缺乏公认的理论解释，被视为未解之谜。

在具体实现上，飘升机采用正电晕放电结构：曲率半径小的电晕极（如铜丝）连接正高压，而集电极（如铝箔）连接负极。电晕极附近的强电场使空气分子电离，形成"电晕区"，电子被电晕极吸收，正离子则在电场作用下向集电极迁移。在迁移过程中，正离子与中性分子碰撞，形成定向离子风，从而产生反作用推力。这种无须活动部件的推进方式属于电动力学推力（EAD）范畴。

实验使用了基于 TL497A 的高电流升压转换器电路，该电路可将 12V 直流电提升至 30kV。当铜丝电极通电后，电离产生的正离子流撞击铝箔电极形成离子风，理论上可推动飞行器升空。然而在实际测试中，飘升机架未能自主悬浮，但吊挂通电后，能观察到明显旋转趋势，证实了离子风的存在。此现象可能与当前技术条件下推力不足有关（如高压电源效率、电极结构优化等问题）。

第6章 热 学

6.1 液晶手写板

近年来，市面上出现了一种便携式的液晶手写板，其尺寸与平板计算机相近。使用者可通过配套的电磁笔或手指直接在黑色板面上进行书写和绘画，书写体验接近真实纸张且无延迟，尤其适合儿童涂鸦创作。板面上的内容可通过擦拭按钮一键清除，操作便捷。

这类手写板的物理结构由三层构成，如图 6-1 所示。

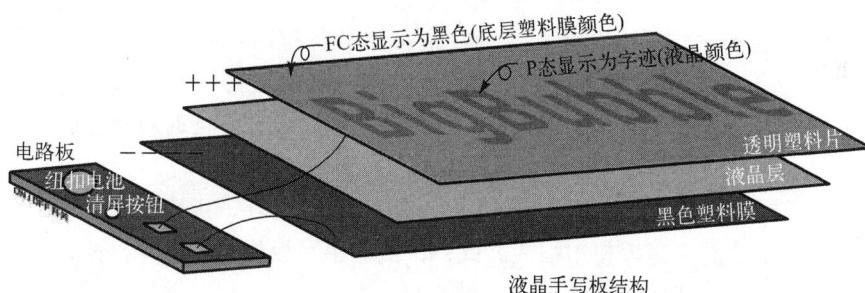

图 6-1　液晶手写板的物理结构

透明塑料片：透明硬质塑料保护层，用于抵抗书写摩擦。

液晶层：采用双稳态胆甾型液晶膜，其分子呈螺旋层状排列。

黑色塑料膜：黑色塑料背景膜，用于衬托显示内容。

双稳态特性体现为液晶分子的两种稳定状态。

FC 态（焦锥态）：分子呈不规则排列，光线穿透液晶层后被底层黑色塑料膜吸收，呈现透明状态。

P 态（平面态）：分子呈规则层状排列，反射特定波长光线（如绿色/蓝色），形成可见字迹。

书写时，笔尖压力使局部液晶分子从 FC 态转为 P 态；擦除时，通过施加特定电压信号使分子恢复 FC 态，使字迹消失。这种技术具有无须外部电源维持显示内容，仅在清除时消耗微量电能的特点。

如图 6-2 所示，正常情况下，处于 FC 态时，液晶分子长轴垂直于层平面排列。光线会直接穿透液晶层，并被底层的黑色塑料膜吸收，因此整个液晶手写板呈现为黑色基底。当用笔或手指按压液晶手写板时，受压区域的液晶分子会发生翻转，形成 P 态。

在 P 态下，液晶分子长轴平行于层平面排列，并沿法线方向形成螺旋状结构。当自然光照射到这些翻转区域时，只有特定波长的光线（与螺旋结构的螺距相匹配）会被反射，其余波长的光线则被吸收，从而显示出特定颜色的字迹。

通过调整手性聚合物的比例，可以控制双稳态胆甾型液晶膜的螺距：

- 当螺距为 450～530nm 时，液晶反射蓝绿色光。
- 当螺距为 530～600nm 时，液晶反射黄绿色光。

这正是液晶手写板通常显示出蓝绿色或黄绿色字迹的根本原因。

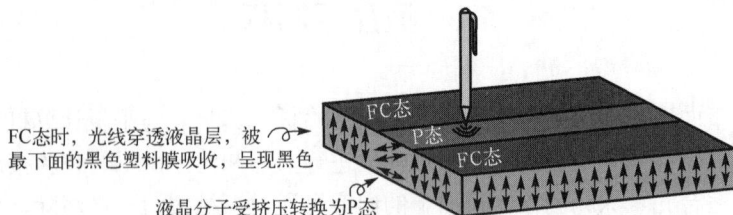

图 6-2　FC 态时的呈现和转换方式

液晶层的顶层和底层设有导电层。当我们按下清除键时，液晶层会通电，此时那些翻转后的 P 态分子在电压的刺激下会恢复到 FC 态，从而使得字迹消失。

液晶手写板之所以价格低，是因为它无须复杂的电路设计，同时双稳态胆甾型液晶膜的制造工艺已经相当成熟，成本较低。

由于液晶手写板在显示的时候不耗电，只在清除的瞬间耗一点点电，所以一颗纽扣电池就可以支撑一个液晶手写板使用很久。此外，液晶手写板的显示没有"像素"概念，按压轻重不同可以产生粗细不同的笔画，以很低的成本实现了"高分辨率"压感屏幕的绘画效果。

同时，液晶手写板的显示方式为被动显示，需要外部光源照射才能显示字迹，就像普通纸张一样，因此不必担心其会对视力产生影响。

6.2　伽利略温度计

伽利略温度计由玻璃圆筒、透明液体以及不同密度的重物构成。温度变化会使液体密度发生改变，进而影响悬浮重物所受的浮力，导致重物上下移动。伽利略温度计中，部分重物会漂浮在上部，部分重物会下沉到底部。每个重物悬挂的金属盘上都刻有温度值，自上而下，温度逐渐降低。此时，液体的温度就处于最上面漂浮重物所示温度与底部最上面重物所示温度之间。由此可见，伽利略温度计只能测量温度区间，无法精确测出液体的准确温度。

伽利略温度计如图 6-3 所示，每个小玻璃球内装有不同颜色的液体，玻璃球被密封后通过悬挂的金属盘调节其等效密度；由于玻璃球体积固定，温度变化导致的内部气体或液体的膨胀对密度的影响可以忽略不计，而周围的透明液体并非水，而是密度随温度变化比水更显著的有机溶液（如乙醇或煤油）。

图 6-3　伽利略温度计

6.3　叶片热机

密封的玻璃瓶内，一根细针顶着一组很轻的叶片。将玻璃瓶放在灯光下，叶片就会缓慢旋转起来，这种装置称为叶片热机。仔细观察，每个叶片两面的颜色并不相同，一面是黑色的，另一面是白色的。灯光照射时，总是黑色面推着白色面转动。

关于以上现象的解释，存在两种理论。

一种解释是，麦克斯韦基于电磁理论预言，光照射物体表面会产生压力，并推导出光压计算公式。当平行光垂直照射物体时，单位面积所受光压为 $P = \dfrac{1+R}{c}E$，式中，E 为单位时间垂直入射到单位面积上的光能量，R 为表面的能量反射率，c 为真空中的光速。若被照射面的反射率是 100%，即是白色的，则正入射的光压为 $P = \dfrac{2}{c}E$，若被照射面为全吸收面（绝对黑体），则正入射的光压为 $P = \dfrac{1}{c}E$。所以，黑、白两色叶片组成的风车，黑色面为光吸收面，白色面为光反射面。当强光照射时，光粒子对黑、白叶片产生光压差，将光能转换成机械能，推动叶片旋转。对光压的首次实验测量是由俄罗斯物理学家列别捷夫于 1899 年完成的。

另一种解释是光的粒子性。光具有波粒二象性，考虑粒子性时，可将其视为光子，光子具有动量 $\dfrac{h\nu}{c}$，照射到物体表面后或被吸收，或被反射，入射前后的光子总动量之差等于表面所受冲量，即光压是光子把它的动量传递给物体的结果。

设频率为 ν 的单色光，每秒垂直入射到物体单位面积表面上的能量为 E，则每秒垂直入射到物体单位面积表面上的光子数为 $N = \dfrac{E}{h\nu}$。因为每个光子具有动量 $p = \dfrac{h\nu}{c}$。若入射光子全部被物体吸收，则每秒物体单位面积表面获得的动量应为 $P = Np = \dfrac{E}{c}$。若光子被物体反射，每个光子传给物体的动量为 $2\dfrac{h\nu}{c}$，则作用在物体表面上的光压为 $P = 2Np = 2\dfrac{E}{c}$。这样算出的光压与麦克斯韦算出的一致。

由此可见，光压非常小，要观察到光压引起的转动，需要极高的真空度和极小的阻力，本实验的装置如图 6-4 所示，玻璃球内部即使已经被抽成真空，仍会存在残余气体，从实验现象看，叶片黑色面会推着白色面旋转，这验证了所谓叶片热机实际上是热辐射驱动叶片旋转的结果。

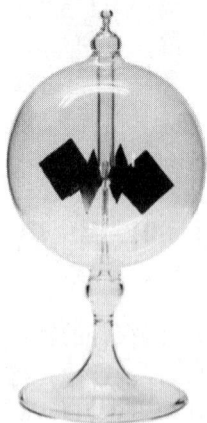

图 6-4　叶片热机实验装置

光压在天体物理和原子物理两个尺度截然相反的领域中发挥着重要作用：前者体现在星体外层通过核心辐射的光压平衡万有引力，后者如康普顿效应中光子与电子的动量交换；而"太阳帆"航天器正是利用这种光压原理，通过设计大面积、小质量且高反射率的帆面（如日本的"伊卡洛斯号"采用 185 平方米聚酰亚胺帆面），在近乎无阻力的太空环境中持续积累光压推力实现无燃料推进的。卫星上的太阳能电池板负责将光能转换为电能，而太阳帆则别出心裁，直接借助太阳光的推力在太空中翱翔。尽管光压微乎其微，但在太空这一近乎无重力、无空气阻力的环境中，只要太阳帆设计得既大又轻，且表面如镜般光滑，它便能汇聚起这股微弱的力量，产生意想不到的推力。这一构想最早由俄罗斯航天先驱齐奥尔科夫斯基于 1924 年提出，并于 2010 年由日本"伊卡洛斯号"首次完成太空实测，其中包括利用阳光实现加速和改变轨道等。

6.4　从饮水鸟到相变

如图 6-5 所示为一个饮水鸟实验装置，饮水鸟的头部由易吸水材料制成，尾部为比头部略大的椭球形玻璃球,两者通过一根直径约 1cm 的玻璃管连接,管下端浸入尾部液体内,整个鸟身被巧妙地架设在基座中部;当将其头部浸入前方水杯湿润后,蒸发作用引发气压变化,导致管内液体上升至头部,重心偏移使鸟身逐渐前倾直至俯身饮水,此时管口脱离液面使液体回流至尾部,鸟身因重心复位而直立,由于惯性前后摆动起来。随后液体再次上升,触发小鸟的循环运动,形成持续点头饮水的现象。

图 6-5　饮水鸟实验装置

饮水鸟的工作原理可以概括如下:小鸟头部实为薄壁玻璃球,与玻璃管紧密相连,内含易挥发乙醚。当小鸟头部被水沾湿后,水分蒸发带走热量,导致头部薄壁玻璃球内的乙醚蒸气温度下降并部分冷凝,内部气压骤降。此时,尾部玻璃球内较高的蒸气压将乙醚液体通过玻璃管压向头部。随着管内液柱上升,小鸟整体重心逐渐上移,一旦超过支点临界位置,便向前倾倒使鸟嘴浸入水中补充水分。倾倒过程中,玻璃管下端脱离尾部液面,上下蒸气连通使气压恢复平衡,液体在重力作用下回流至尾部,促使小鸟重新直立。

支点的位置经过精密设计,位于小鸟整体重心偏下方。这使得当液柱上升至一定高度时,重心偏移即可触发倾倒动作。另一精密设计在于玻璃管下端始终浸入尾部液体,确保气压差形成时液体能被有效吸入管内;而当小鸟发生倾倒时,管口露出液面又允许液体顺畅回流。

这种看似神奇的现象源自三个关键因素:其一,乙醚作为挥发性极强的液体(沸点仅34.6℃),其蒸气压对温度变化极其敏感,微小的温差即可产生显著压差;其二,鸟头覆盖的棉布具有极大蒸发面积,尽管单次蒸发量小,但持续蒸发可积累足够的热量损失;其三,玻璃管直径经过优化设计,既保证液体表面张力不影响流动,又控制液柱质量在气压差作用范围内。实验显示,环境温度仅降低 1℃,就足以驱动液柱上升数厘米。

值得注意的是,现代饮水鸟多采用二氯甲烷替代早期的乙醚,因其具有更稳定的挥发特征(沸点 39.6℃),这使得装置对室温变化更为敏感。

这个装置的精妙之处在于,它并非挑战热力学定律的永动机,而是巧妙地将环境热能转化为机械运动——蒸发过程持续从环境中吸收热量,这些热量通过蒸气压差做功驱动液体循环流动。当环境湿度过高或温度过低导致蒸发受阻时,装置便会停止工作,这正符合热力学第二定律的约束。

下面请读者思考，在日常生活中，水的蒸发似乎极为缓慢，然而在实验中，液体的提升现象异常显著且直观，这是为什么呢？

6.5 另一种饮水鸟

另一种饮水鸟实验装置可通过饮料瓶改制实现其特殊运动过程，其物理原理与常见的热力学版本不同，主要基于虹吸与毛细现象的结合作用（见图6-6）。其具体构造与运行机理如下：将饮料瓶裁剪成头部开口、尾部保留部分瓶底的形状，瓶内中心位置放置多层纱布，纱布一端从瓶口伸出并浸入下方水源。基于毛细现象，水分被持续吸附至纱布中；由于瓶内纱布末端位置低于外部浸水端，虹吸效应使水分沿纱布向瓶尾流动并积聚。当尾部积水达到临界质量时，重心偏移导致装置前倾使尾部抬起，积水排出后装置复位，头部纱布重新吸水形成循环。这种设计巧妙地将毛细吸水与虹吸排水过程结合，通过重力失衡实现饮料瓶的周期性运动。

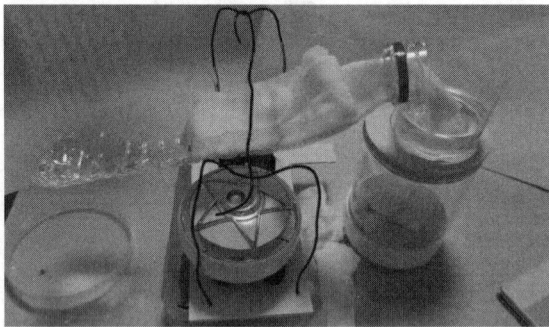

图6-6 另一种饮水鸟实验装置

6.6 水的蒸发热

对物理概念进行理解时，若引入定量分析的维度，则能深化认知。例如，我们知道水的蒸发可以吸热，但是具体能吸收多少热量呢？在标准大气压下，1g水在常温下蒸发，其吸收的热量可以将1kg的物体提升多少米呢？

在水的蒸发吸热过程中，在标准大气压下，1g水在30℃蒸发时吸收的热量可通过蒸发热（汽化热）计算，水的蒸发热约为40.8kJ/mol，这意味着1g水在30℃、标准大气压下完全蒸发大约需要吸收2260J的热量。将其转换为重力势能，计算上升高度H：

$$H = \frac{E}{mg} \approx \frac{2260}{1 \times 10} = 226(\text{m})$$

此结果表明，蒸发吸热蕴含的能量远超人们的直觉预期，凸显了相变过程的热力学特性。教学中，若仅考虑简单热容计算（如温度变化）会导致结果偏差，而引入蒸发热的定量分析，可避免此类认知误区，帮助学生建立更完整的能量转化视角。

6.7 热胀冷缩瓶

如果将饮水鸟的头部吸水外层材料去掉，可以得到这样的热胀冷缩瓶（见图6-7）：上下两个薄玻璃球由一个直径约8mm的玻璃管相连，玻璃管深入下玻璃球内的乙醚液面以下。用手轻轻握住下玻璃球，可见液体会很快冲向上玻璃球，把手松开，又可见液体缓缓流下。

对于这一现象，大多数人一般会直观地认为其原因为热胀冷缩，因为手握下玻璃球，使球内气体膨胀，压强增大，将液体压了上去。但还有一个不易察觉的原因，就是饱和蒸气压，手握下玻璃球，下玻璃球温度升高，液体的蒸发加剧，此时下玻璃球内的气体不再是纯粹的空气，而多了一些乙醚蒸气，即温度升高，饱和蒸气压增大。

综上所述，热胀冷缩因素和饱和蒸气压因素的共同作用，将液体压了上去。至于两者谁的贡献大，还有待进一步研究。

图6-7 热胀冷缩瓶

6.8 热 棒

2006年，青藏铁路的成功竣工通车标志着中国在世界铁路建设史上创造了新的奇迹，不仅克服了高海拔和恶劣环境带来的巨大挑战，还极大地促进了西藏与其他地区的经济文化交流，提升了当地人民的生活水平。在青藏高原修建铁路最大的难题就是高原冻土，冻土中含有大量的冰，夏天时，冰会融化，导致土壤下沉，到了冬天，融化的冰会因为气温降低重新凝结，导致土壤膨胀上升。冻土层反复冻结与融化会造成路基变形，影响通车安全。研究人员通过使用热棒，将冻土层的温度维持在稳定的水平，成功地解决了冻土问题。

热棒的密闭真空腔体内注有低沸点工质（如氨、氟利昂、丙烷、二氧化碳等）。其结构可分为两部分，如图6-8所示。埋入冻土的部分称为蒸发段（吸热段），而露出地面的部分装有散热片，称为冷凝段（放热段）。

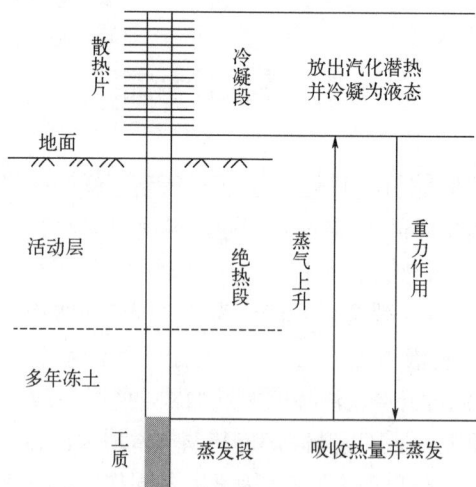

图 6-8　热棒的结构

在寒冷季节，当冷凝段温度低于蒸发段时，液态工质吸收冻土中的热量蒸发为气体，蒸气沿中心通道上升至冷凝段，与较冷的管壁接触后释放汽化潜热并冷凝为液态。冷凝液在重力作用下沿管壁回流至蒸发段，形成循环往复的热量传递过程，将冻土中的热量持续散发到空气中。

在温暖季节，由于空气温度高于冻土温度，蒸发段产生的蒸气到达冷凝段后因外部温度较高无法冷凝，气液两相达到平衡状态，热棒停止工作。这种单向传热特性确保大气热量无法通过热棒反向传导至冻土中，从而维持冻土的冻结状态。因此，热棒既能通过寒冷季节的循环冷却将冷量储存于地下，又能在温暖季节阻断热量传递，形成了一种高效的单向导冷装置。

6.9　热　管

在我们日常使用的计算机等需要高效散热的装置中，常常会用到一种热管散热器，如图 6-9 所示，它虽然看起来很像一块铜片，但其中暗藏玄机。

图 6-9　热管散热器

将热管从中间剖开，可以看到其内部有一层粗糙且凹凸不平的多孔结构。当热管的一侧温度升高时，管内的液体便会蒸发成气体，这些气体顺着中间的通道移向另一侧，由于这一侧温度较低，气体又会冷凝成液体并释放出热量。热管管壁内侧的多孔结构具备毛细作用，就像毛巾吸水一样，能把冷凝后的液体输送回较热的一侧，如此便形成了一个循环，将热量源源不断地散发出去。从理论角度而言，热管的导热率处于 4000～100000W/m·K 的范围内，而铜的导热系数仅为 401W/m·K。

下面用一个小实验测试热管和铜片的导热率。将热管和铜片置于液晶感温胶纸下方，在露出的一端放上一块冰，如图 6-10 所示，可以清晰地看到，热管的散热要比铜片快很多。

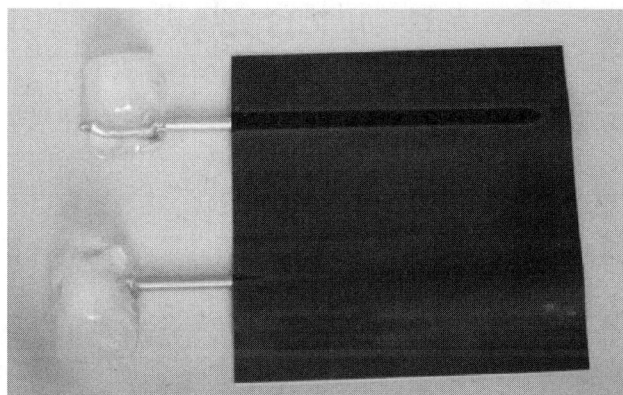

图 6-10　测试热管和铜片的导热率

6.10　汽化制冰实验

在维护相机、计算机等电子产品时，我们经常会用到一种神奇的强力清洁气罐。这种气罐内部封装有高压液化气，使用时只需轻轻一按，气体就会像离弦之箭一样迅速喷出，轻松完成清洁任务，如图 6-11 所示。

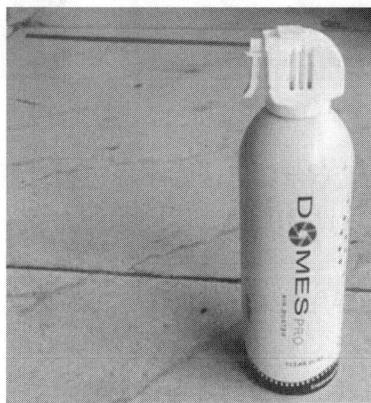

图 6-11　强力清洁气罐

使用这种气罐时，能观察到理想气体的绝热膨胀过程，而且现象十分明显。当气罐正立放置时，罐内下部是液体，上部是气体。此时按压出气口，就会喷出高压气体。

如果把气罐倒过来，用一截吸管将出口伸入少量水中，再按压出气口，喷出的就会是液体。液体进入常温常压环境后，会迅速汽化并膨胀。由于这个过程发生得很快，可以近似视为绝热过程，在此过程中，液体必定会从外界吸收大量热量（包括汽化热和绝热膨胀时吸收的热量）。这样一来，出气口处的水就会迅速放热降温，进而结冰。

需要特别注意的是，出气口千万不要对着人，以免造成冻伤。

6.11　记忆合金热机

利用一杯热水如何驱动发动机呢？如图 6-12 所示，实验利用两根套在可绕中心轴旋转的大小轮上的镍钛合金丝完成，当小轮底部部分（约为小轮半径一半以下）浸入热水中时，轻拨转轮即可启动旋转，随后两个轮子便持续高速旋转。若将小轮以一定倾斜角度浸入热水中（水面不超过圆心），则无须外力拨动，小轮即可自发带动大轮旋转；若小轮完全浸没或大轮接触了热水，则即使轻拨转轮也无法维持转动。

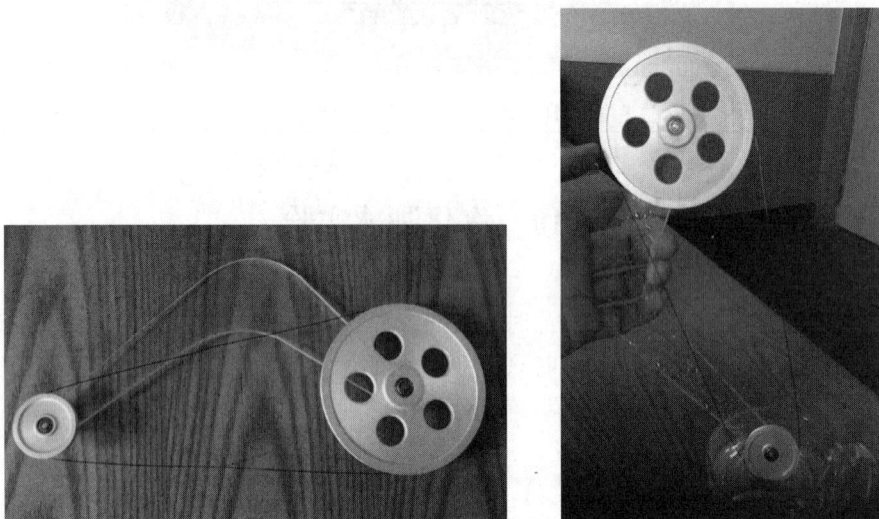

图 6-12　记忆合金热机实验

该现象的关键在于镍钛合金的形状记忆效应——当达到特定转变温度（本装置设定为 60℃）时，合金丝能自动恢复预设形状，这种特性使其广泛应用于医疗、航空航天等领域。其形状记忆效应可分为三类：

（1）单程记忆：低温变形后加热恢复原状。

（2）双程记忆：加热恢复高温形态，冷却重现低温形态。

（3）全程记忆：加热恢复高温形态，冷却形成镜像低温形态。

镍钛合金作为一种形状记忆合金，存在两种不同的晶体结构相：

（1）奥氏体相（高温/无载荷状态）：立方晶体结构，镍原子占据晶格顶点，钛原子随机分布于顶点或中心，呈现无序态。

（2）马氏体相（低温/加载状态）：六方晶体结构，钛原子移至中心形成有序态。

实验中，当合金丝局部受热至 60℃以上时，奥氏体相变产生的收缩/伸长形变提供了驱动转轮的力矩，而若合金丝完全浸没，则会导致整体均匀形变无法形成力矩差，故无法持续转动。这种相变动力机制完美诠释了形状记忆合金在热能-机械能转换中的独特优势。

利用形状记忆合金的独特性质，可以制作出多种形式的发动机。例如，将形状记忆合金材料固定在轮子的边缘，当轮子进入热水时，合金弯曲，离开热水时，合金伸直，这两种状态的变化为发动机提供了持续的动力。

6.12　空　调

炎炎夏日，空调成了人们生活中不可或缺的"续命神器"。1902 年 7 月 17 日，美国工程师兼发明家威利斯·开利为解决一家印刷厂的温湿度难题，从火车进站时车头喷出的水蒸气中获得灵感，发明了现代喷雾式空调，这一发明被视为空调诞生的标志。

空调制冷系统原理如图 6-13 所示，下面进行简要介绍。

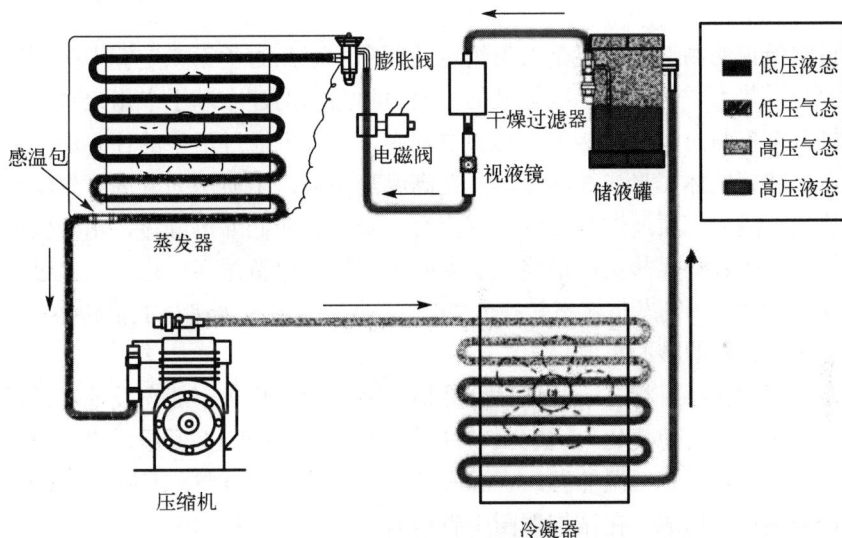

图 6-13　空调制冷系统原理

压缩机将气态冷媒（如氟利昂）压缩成高温高压气体，随后将其送至冷凝器（室外机）。在冷凝器中，高温高压气体散热后变成常温高压液体，因此室外机吹出的是热风。液态冷媒经过毛细管，进入蒸发器（室内机）。由于空间突然增大、压力减小，液态冷媒汽化，变成低温气体，并吸收大量热量，因此蒸发器变冷。室内机的风扇将室内的空气吹过蒸发器，因此室内机吹出的是冷风。空气中的水蒸气遇到冷的蒸发器后会凝结成水滴，顺着水管流出，这就是空调会出水的原因。随后，气态冷媒返回压缩机继续被压缩，如此循环往复。

在制热模式下，一个名为四通阀的部件会改变冷媒在冷凝器与蒸发器中的流动方向，使其与制冷时的流动方向相反。因此，制热时，室外机吹出的是冷风，而室内机吹出的是热风。

家用冰箱与空调的工作原理相似，但它们的发明过程少有交集。1755年，苏格兰大学教授库伦（Cullen）利用抽真空技术降低气压，使乙醚挥发降温，成功制出冰，这是人类首次实现制冷造冰技术的记载。1820年，美国发明家伊文思（Evans）完成了从抽真空（挥发）降温、压缩（液化）回收制冷剂这一整套可循环的制冰过程，其原理与今天的冰箱原理非常相似。1834年，美国人雅可比·帕金斯发现某些液体蒸发时会产生冷却效应，并要求技工制造了一个装置进行验证。果然，这个装置在某个晚上成功制出了冰。帕金斯首次实现了这种降温装置，这就是今天冰箱的雏形。1862年，苏格兰人约翰·哈里森在澳大利亚根据帕金斯原理改良研制出第一批冰箱，并成功上市。1879年，德国工程师卡尔·冯·林德发明了第一台家用冰箱。1939年，通用电气公司推出双温电冰箱（一部分用于冷冻，另一部分用于冷藏，即现在的家用冰箱），一经上市便迅速普及。

6.13 热力学第二定律克劳修斯表述

我们日常所说的高温、低温是人为约定的概念，而热力学第二定律中提到的高温热源与低温热源是以热力学温标为标准定义的。热力学温标的建立基于卡诺定理，该定理揭示了可逆热机效率仅与热源温度相关。实验过程中，压缩机通过活塞的往复运动驱动卡诺循环管内工质（理想气体）形成循环流动。在高温热源端，工质压力升高导致温度上升并向外界释放热量；随后工质通过毛细管（节流阀）降压流向低温热源端，由于低温热源压力较低，工质在此吸收外界热量；最终工质返回压缩机开启新循环。这一完整过程通过压缩机做功改变工质物态（气态与液态转换），实现了热量的定向传递与能量转换，从而直观验证了热力学第二定律的核心机制。

本实验装置的核心目标在于验证克劳修斯表述——"热量不能自发地从低温物体转移到高温物体而不引起其他变化"。整套装置的结构框图如图6-14所示，由全封闭压缩机、双热源系统（高温热源、低温热源，含温度计、气压计）、毛细管节流装置（节压阀）、卡诺管及数据采集单元构成（在结构框图中省略）。

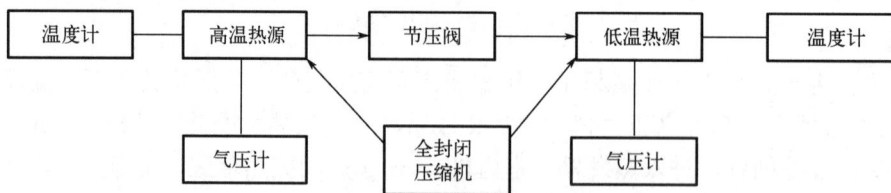

图6-14 整套装置的结构框图

其工作原理本质上是在人工干预下实现的逆卡诺循环：通过外部输入机械功（压缩机耗能），强制使热量从低温热源传递至高温热源，这种非自发过程恰好是对热力学第二定律的逆向验证。

开始实验时，整个系统处于热力学平衡状态，全封闭压缩机不工作，卡诺管内的工质呈气态，低温热源及高温热源内部压力和温度均相同，可以从气压计及温度计读出。

接通电源后，全封闭压缩机开始工作，活塞的往复运动使高温热源内部压力升高，产生高温高压气体；该气体在流经节压阀前发生相变，凝结为高压液态，导致系统温度上升，高温热源通过散热器向外界释放热量（实验者可观察到散热器表面温度升至 40～50℃）。与此同时，受节压阀的降压作用，低温热源内部维持低压状态，来自节压阀的工质在此处相变为低压液态并蒸发吸热，致使蒸发器表面温度下降并出现结霜现象。完成蒸发后的工质重新进入全封闭压缩机，在活塞作用下开启新一轮循环。通过这一系列等温吸热、绝热膨胀、等温放热和绝热压缩过程，完整再现了卡诺循环的理论模型，实验演示至此完成。

6.14 麦克斯韦速率分布律演示

在某一时刻，某一特定分子的速度大小是不可预知的，且运动方向也是随机的。但在一定的宏观条件下，对大量气体分子而言，它们的速度分布却遵从一定的统计规律。麦克斯韦在1859年用概率论证明在平衡态下理想气体分子的速度分布是有规律的，并给出了它的分布函数表达式。这个规律称为麦克斯韦速率分布律。

本实验的装置如图 6-15 所示，可以模拟演示热学中麦克斯韦速率分布律，形象地演示出速率分布与温度的关系，并说明速率分布的概率归一化。

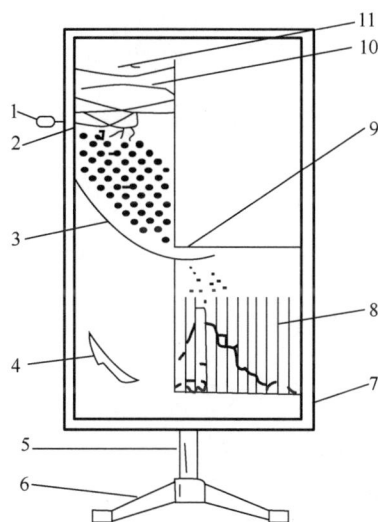

1—调温杆；2—活动漏斗；3—下滑曲面；4—转向箭头；5—支杆；6—底座
7—边框；8—隔槽；9—喷口；10—缓流板边缘；11—储存室

图 6-15 麦克斯韦速率分布律演示实验装置

本实验的具体步骤如下：

（1）将装置竖直放置在桌面或地面上，推动调温杆，使活动漏斗的漏口对准 T_1 温度的位置。

（2）保持装置底座不动，按转向箭头的方向转动整个边框一周，当听到"喀"的一声时装置恰好处于竖直位置。

（3）将铁珠集中在储存室里，由下方小口漏下，经缓流板慢慢地流到活动漏斗中，再由活动漏斗的漏口漏下，不对称地落在下滑曲面上，并从喷口水平喷出，位于高处的铁珠流下的水平速率大，位于低处的铁珠流下的水平速率小，而速率大的铁珠落在远处的隔槽中，速率小的铁珠落在近处的隔槽中，当铁珠全部落下后，便形成对应 T_1 温度的速率分布曲线。

（4）推动调温杆，使活动漏斗的漏口对准 T_2 温度（高温）位置。

（5）再次按转向箭头方向转动整个边框一周，铁珠重新落下，当全部落完时，形成对应 T_2 温度的速率分布曲线。

（6）将两条速率分布曲线在仪器上绘出，比较 T_1 温度和 T_2 温度对应的速率分布曲线，可以看出，温度高的曲线更平坦，速率变大。